Couverture inférieure manquante

DEBUT D'UNE SERIE DE DOCUMENTS
EN COULEUR

SCIENCE ET RELIGION
Études pour le temps présent

239-240

L'IMMACULÉE CONCEPTION

Courte Histoire d'un Dogme

PREMIÈRE PARTIE : L'ORIENT

PAR LE

R. P. Xavier-Marie LE BACHELET S. J.

PARIS

LIBRAIRIE BLOUD & Cᵗᵉ

4, RUE MADAME ET RUE DE RENNES, 59

1903

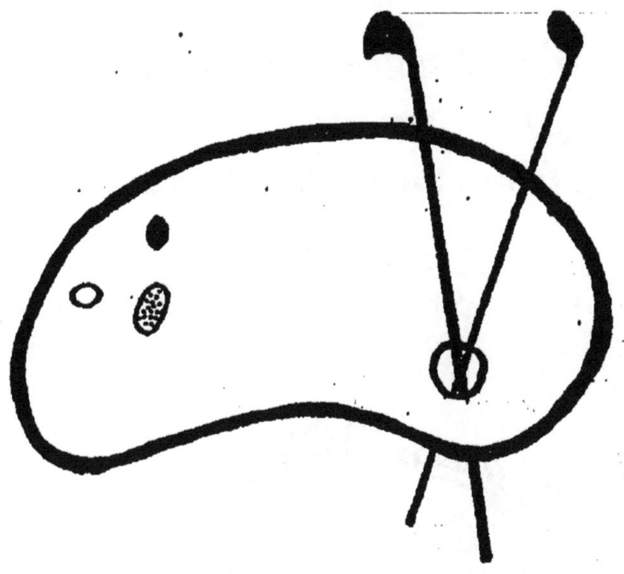
FIN D'UNE SERIE DE DOCUMENTS
EN COULEUR

SCIENCE ET RELIGION
[Études pour le temps présent]

L'IMMACULÉE CONCEPTION.

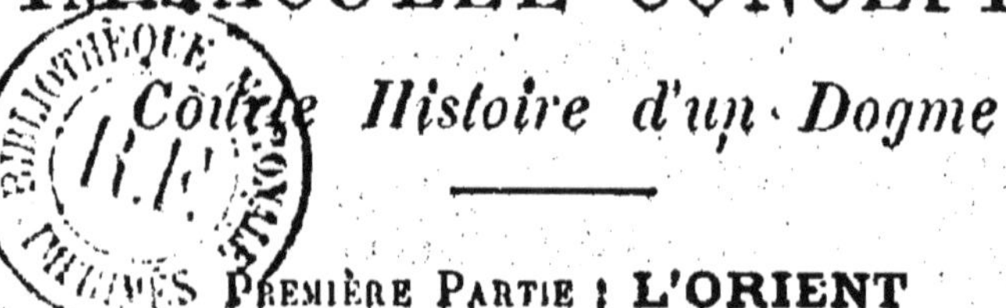

Courte Histoire d'un Dogme

PREMIÈRE PARTIE : L'ORIENT

PAR LE

R. P. Xavier-Marie LE BACHELET S. J.

PARIS
LIBRAIRIE BLOUD & Cie
4, RUE MADAME ET RUE DE RENNES, 59

1903

Imprimatur :

Parisiis, die 6ª Augusti 1902.

E. THOMAS,
V. g.

L'IMMACULÉE CONCEPTION

Courte Histoire d'un Dogme

AVANT-PROPOS

Le présent opuscule se rattache à celui qui a paru en 1900 dans la collection *Science et Religion*, sous ce titre : *Le péché originel dans Adam et ses descendants*. Après avoir constaté, au début même de son histoire, l'universel naufrage du genre humain, on est porté à se demander : N'y a-t-il donc personne, parmi ceux qui sont nés d'un homme et d'une femme, qui ait échappé à ce commun désastre ? Et quand l'esprit s'est posé cette question, ne se tourne-t-il pas comme d'instinct vers la Vierge bénie qui put dire au Verbe Incarné : Mon fils ! Celle-là du moins, ne fera-t-elle pas revivre l'idéal de toute pureté et sainteté qui brillait au front et dans l'âme de l'antique Ève sortant des mains du Créateur ! Au nom de l'Église catholique, Pie IX a répondu, le 8 décembre 1854 : « Nous déclarons, nous prononçons et définissons que la doctrine qui tient que la bienheureuse Vierge Marie fut, dans le premier instant de sa Conception,

par une grâce et un privilège singulier du Dieu tout
puissant, en vue des mérites de Jésus-Christ, Sauveur
du genre humain, préservée de toute tache de la
faute originelle, est une doctrine révélée de Dieu, et
qu'en conséquence, elle doit être crue fermement et
inviolablement par tous les fidèles. »

La raison n'éprouve pas, en entendant affirmer cet
insigne privilège de la Mère de Jésus, le même étonnement qu'elle éprouve en face du dogme du péché
originel, en face de cette tache héréditaire qui du
premier homme passe à tous ses fils, pour les cons-
tituer, de par leur naissance même, pécheurs et en-
nemis de Dieu. N'est-il pas naturel que, si Dieu s'in-
carnant daigne se choisir une mère ici-bas, il la
veuille pure et sainte au-delà de toute expression ?

Pourtant, le dogme de l'Immaculée Conception ne
manque pas d'adversaires. Il est attaqué par les ra-
tionalistes de toute nuance, moins pour lui-même,
semble-t-il, que pour l'ensemble de vérités surnatu-
relles qu'il suppose : élévation du genre humain à
une fin et à un état qui dépassent les forces et les
exigences de la nature, chute primitive et déchéance,
Incarnation avec toutes ses conséquences. Il est attaqué par les adversaires-nés de l'Église romaine,
protestants ou vieux catholiques ; quel exemple
manifeste ils prétendent y trouver de ces dogmes
nouveaux, créés au cours des siècles par la théologie papiste ! Avec quelle assurance ils le déclarent
dénué de tout fondement dans l'Écriture et la Tradition ! Écoutons, par exemple, le *Grand Dictionnaire
du xix⁰ siècle*, à l'article CONCEPTION (1) : « Quand on

(1) La même note se retrouve dans l'*Encyclopédie des
sciences religieuses*, t. III, art. CONCEPTION IMMACULÉE,
Paris, 1878, et la *Grande Encyclopédie*, t. XXIII. art. MARIE.

lit les anciens Pères avec le désir de savoir ce qu'ils disent réellement, non avec celui de leur faire dire ce qu'on pense et de leur arracher, pour ainsi dire, un témoignage implicite et vague en faveur d'une opinion récente, on s'aperçoit promptement que les épithètes par lesquelles ils se plaisent à relever la gloire de Marie n'ont pour objet que la virginité de la mère de Jésus... Ils appellent volontiers Marie une vierge *immaculée* ; mais ils n'entendent nullement dire par là qu'elle a été conçue sans péché... Tous affirment l'universalité de la loi du péché originel ; personne ne songe à en excepter Marie ; elle y est soumise, pour tous, implicitement, pour quelques-uns, formellement. » Et l'on invoque cette doctrine courante chez les latins, « Le Christ est le seul homme qui fut sans péché, parce que le Christ était Dieu » ; ou cette autre doctrine, familière aux orientaux : « Le Christ est né d'une vierge qu'il commença par purifier ». Puis, on fait passer sous les yeux du lecteur une histoire du dogme de l'Immaculée Conception dont le moindre défaut est d'être incomplète, et de mêler, à peu près dans une égale proposition, le vrai et le faux.

Par là s'explique le choix que j'ai fait d'une méthode historique, consistant surtout à montrer les manifestations et le développement de la croyance catholique à travers les âges. Cette méthode a l'inconvénient de prendre son point de départ à une époque où la croyance ne se traduit point encore par des témoignages explicites. En revanche, elle fait mieux comprendre ce qui sera notre conclusion, et ce qui explique comment la controverse a pu exister, si vive et si prolongée, au sujet de la conception sans tache de Marie, à savoir que cette doctrine ne paraît pas

avoir été l'objet d'une révélation *explicite*. On trouvera, du reste, dans un chapitre final, relié à la définition émise par Pie IX, la synthèse théologique de
toute la question.

Commencée aux pieds de Notre-Dame-de-Four-
vière, cette étude s'achève dans la vieille cité anglaise
où vécurent les Anselme et les Thomas Becket,
près de cette glorieuse cathédrale où ils prêchèrent
Marie, où ils souffrirent aussi. C'est avec amour et
reconnaissance qu'au cours de ce travail sur la
Vierge Immaculée, je rencontrerai et saluerai ces
deux termes, si différents pourtant, la patrie et
l'exil !

Cantorbéry, mai 1902.

PREMIÈRE PARTIE
L'Orient,

CHAPITRE PREMIER
L'ANTIQUITÉ PATRISTIQUE

La division de cette étude en deux parties a sa raison d'être dans la marche différente que le développement du dogme de l'Immaculée Conception a suivie dans les deux grandes églises de la chrétienté. En Occident, nous rencontrerons, après une période de croyance implicite, une controverse longue et aiguë, mais aboutissant à la définition précise et solennelle de la vérité contestée. En Orient, nous allons trouver une autre voie, celle d'un développement normal et quasi spontané, mais sans définition proprement dite ni formule authentique. La première étape comprendra les témoignages patristiques.

On ne saurait légitimement exiger que ces témoignages se présentent à nous dès la naissance même du christianisme. Nous ne possédons que très peu d'ouvrages des trois premiers siècles, et la plupart de ceux qui nous restent sont des livres d'apo-

logétique et de controverse, inspirés par les besoins
du moment. Les Pères et les écrivains ecclésiastiques
durent d'abord défendre, contre les païens, le christianisme lui-même et, contre les hérétiques, les
mystères fondamentaux de la Trinité et de l'Incarnation. Cette tâche échut encore aux grands docteurs
du IVe et du Ve siècle, les Athanase, les Basile, les
Grégoire, les Chrysostome et les Cyrille. Pourtant,
l'antiquité chrétienne n'est pas muette sur la Vierge
immaculée, mais elle parle à sa façon. Au début de
son grand ouvrage sur l'Immaculée Conception,
Passaglia montre fort bien que, dans l'étude de cette
question, on ne doit pas se borner aux témoignages
plus ou moins formels que l'antique tradition peut
fournir en faveur de la conception sans tache de
Marie, mais qu'il faut, avant tout, tenir compte de
l'idée générale qu'on se faisait alors de la Vierge,
Virginis idea, en particulier de son rôle dans l'œuvre
de la rédemption et de sa sainteté hors ligne (1).

(1) Cu. PASSAGLIA, S. J, *De immaculato Deiparæ semper Virginis Conceptu Commentarius*, sect. I, Rome, 1854,
et Naples, 1855. L'édition de Rome comprend 2104 pages
gr. in 4°, sans les préfaces et les tables, et donne en
note le texte original des passages traduits en latin dans
le corps de l'ouvrage. On trouve aussi d'amples maté-
riaux dans les deux collections suivantes : 1° Aug. de
Roskovany, *Beata Virgo Maria in suo Conceptu immaculata ex monumentis omnium seculorum demonstrata.
Accedit amplissima literatura*, 9 vol. in 8°, Budapest,
1873-1881, compilation riche sous le rapport bibliogra-
phique, mais non sous celui de la critique ; 2° *Pareri
dell' l'Episcopato cattolico*, etc., *sulla definizione dogma-
tica dell'immacolato concepimento della B. Virgine
Maria*, recueil d'actes épiscopaux et de travaux divers,
comprenant dix volumes et deux suppléments, publiés à
Rome de 1851 à 1854. Une partie de ces documents se
retrouve dans *La Croyance générale et constante de*

Cette remarque est d'autant plus importante que, dans l'hypothèse d'une révélation *implicite*, la vérité dont nous nous occupons ne se trouverait pas, au début, exprimée à part ou formulée en propres termes, mais contenue seulement dans une doctrine plus générale.

En fait, deux conceptions fondamentales se présentent en premier lieu chez les Pères orientaux : Marie *nouvelle Ève*, et Marie *pleine de grâce*.

§ I. — *La nouvelle Ève*.

L'idée de Marie *nouvelle Ève* se rattache à une doctrine plus générale et certainement primitive : l'œuvre de la réparation a été modelée, mais en sens inverse, sur l'œuvre de la perdition. Saint Paul avait dit, dans un célèbre passage de l'épître aux Romains, v, 19 : « Comme la désobéissance d'un seul homme a constitué beaucoup d'hommes pécheurs, ainsi l'obéissance d'un seul homme constituera beaucoup d'hommes justes. » Les Pères ont développé cette grande antithèse ; ils l'ont développée, c'est un fait et un fait digne de remarque, les yeux

l'Église touchant l'Immaculée Conception de la bienheureuse Vierge Marie, par le cardinal Gousset, in-8°, Paris, 1855. Le principal ouvrage en français est celui de Mgr Malou, évêque de Bruges : *L'Immaculée Conception de la bienheureuse Vierge Marie considérée comme dogme de foi*, 2 vol. in-8°, Bruxelles, 1857 ; travail qui n'a pas été surpassé par l'œuvre plus récente de M. Dubosc de Pesquidoux : *L'Immaculée Conception, Histoire d'un dogme*, 2 vol. in-8°, Tours, 1898. — En règle générale, je n'utiliserai dans l'étude présente que des textes communément tenus pour authentiques et directement contrôlés. Quand je serai obligé de m'en rapporter au témoignage d'autrui, j'indiquerai mes sources.

fixés sur le récit de la chute originelle, au livre de la Genèse, et sur le récit de l'Annonciation, au premier chapitre de saint Luc (1).

Dès le second siècle, saint Justin écrit : « Nous savons que Dieu s'est fait homme dans le sein de la Vierge, pour que la désobéissance inspirée par le diable finît de la même façon qu'elle avait commencé. Ève, vierge encore et innocente, engendra la désobéissance et la mort, en prêtant l'oreille au discours du serpent ; Marie, au contraire, crut et se réjouit en entendant l'heureux message que l'ange Gabriel lui apportait... C'est ainsi qu'elle conçut celui dont Dieu s'est servi pour terrasser le démon et ceux, anges ou hommes, qui lui ressemblent (2). »

Peu après, saint Irénée développe cette ébauche. Le Christ, le Verbe fait homme dans le sein de Marie, récapitule en lui l'inimitié prédite au livre de la Genèse et brise la tête du serpent. Mais à côté du Christ, comme jadis Ève à côté d'Adam, apparaît Marie avec un rôle tout opposé, dans sa réalisation et ses effets, à celui de la première. L'une désobéit et devient cause de mort ; l'autre obéit et devient cause de salut. Aussi le disciple de saint Polycarpe parle d'une « action rétroactive de Marie sur Ève : le nœud ne pouvait être autrement délié ; il fallait que les liens fussent repliés en arrière, et que les premiers liens fussent déliés par les seconds, et délivrés par eux... En se conformant à la volonté divine, Marie a

<hr>

(1) Voir sur cet admirable plan de revanche divine, un bel ouvrage qui vient de s'achever : J.-B. Terrien, *La Mère de Dieu et la Mère des hommes*, IIe partie, t. I, c. 1-11, Paris, Lethielleux.

(2) *Dialog. cum Tryphone*, n. 100 ; Migne, P. G., t. VI, col. 710.

dénoué les nœuds formés par la désobéissance d'Eve. Ce que la vierge Eve avait lié par son incrédulité, la vierge Marie l'a délié par sa foi.., L'une résiste aux ordres de Dieu, l'autre s'y soumet, afin que par cette soumission la vierge Marie devînt *l'avocate de la vierge Eve.* De même que le genre humain avait été voué à la mort par une vierge, il a été sauvé par une vierge; et, par un juste équilibre, l'obéissance a réparé ce qu'avait perdu la désobéissance virginale (1). »

Doctrine féconde, comme le remarque Mgr Freppel : « Il est impossible, à coup sûr, de méconnaître la grande place que saint Irénée assigne à la sainte Vierge dans le plan divin de la Rédemption ; et je ne sache pas que de nos jours un théologien catholique se soit exprimé là-dessus avec plus d'énergie. L'évêque du IIe siècle voit, dans l'adhésion libre et volontaire de Marie aux décrets divins, l'origine et le commencement de notre salut ; il lui attribue dans l'œuvre de notre réparation la même part qu'Eve avait eue à notre ruine ; il reconnaît son pouvoir d'intercession en l'appelant l'avocate ou la patronne d'Eve (2). »

Au IVe siècle, saint Epiphane nous montre dans Eve la figure de Marie : « C'est Marie saluée pleine de grâce qu'Eve représentait, quand, sous le voile d'une figure, elle reçut le nom de *Mère des vivants.* Eve, en effet, reçut ce nom après avoir entendu cette parole : Tu es terre, et tu retourneras à la terre, c'est-à-dire, après son péché. Pourquoi donc, lors-

(1) *Contra hæreses,* l. III, c. xxii, xxiii; l. IV, c. xl; l. V, c. xix; P. G., t. VII, col. 959, 964, 1114, 1175.
(2) *Cours d'éloquence sacrée, Saint Irénée,* p. 458-459, Paris, 1861.

qu'elle est déchue, lui attribuer un pareil nom ? A ne
considérer que l'ordre extérieur et sensible, c'est de
cette Eve qu'est issue toute la race humaine ; mais,
en réalité, c'est la Vierge Marie qui a introduit dans
le monde la Vie même ; Marie a enfanté Celui qui
vit, et elle est la *Mère des vivants.* » Vient ensuite
l'antithèse déjà connue entre ces deux Mères des vivants, et saint Epiphane, amené à parler des inimitiés annoncées au serpent dans la Genèse, fait
cette observation : « Ces inimitiés telles qu'elles sont
prédites ici ne peuvent s'appliquer à Eve ni aux siens
pleinement et parfaitement ; mais elles se sont réa-
lisées de tout point dans le rejeton très saint, excellent et unique, qui est issu de la seule Vierge
Marie, sans le concours de l'homme (1). »

Est-ce à dire que *la femme* de la Genèse désigne
directement Marie, ou seulement Eve au sens littéral
et Marie au sens spirituel ou typique ? Peu importe ;
car il s'agit ici, non pas de rechercher ce qu'on
pourrait peut-être tirer du Protévangile par voie de
raisonnement, mais de suivre la pensée des anciens
Pères et de voir ce qu'elle exprime. Pour beaucoup
d'entre eux, il serait difficile de montrer qu'ils ont
vu directement Marie dans *la femme* de la Genèse.
Saint Jean-Chrysostome, par exemple, commente en
ces termes le texte *Inimicitias ponam* : « Je ne me
contenterai pas de le voir ramper sur la terre ; je
ferai de *la femme*, τὴν γυναῖκα, ton ennemi irréconciliable, et ce n'est pas elle seulement, mais sa race
dont je ferai pour ta race un ennemi perpétuel (2). »
Assurément, on a le droit de se demander si la

(1) *Hæres.*, lxxviii, n° 18-19 ; P. G., t. XLII, col. 723-
729.
(2) *Homil.* xvii. *in Genes* ; P. G., t. LIII, col. 143.

pensée de l'exégète va directement à Marie. Mais ce qui est incontestable et de grande importance, c'est le rapport typique de l'ancienne Eve à la nouvelle, dans la pensée des anciens Pères. Et cela suffit pour expliquer comment ils ont vu dans la Genèse Marie avec son fils (1). Un texte prophétique ne doit pas s'interpréter indépendamment de la lumière que projette sur lui le développement ultérieur de la révélation, ni sans tenir compte du secours additionnel que peut fournir la tradition vivante.

Mais, dira-t-on, quel rapport y a-t-il entre cette doctrine et l'Immaculée Conception? Marie ne peut-elle pas, quoiqu'il en soit de sa première origine, vaincre le démon avec son Fils, coopérer à la rédemption, et devenir ainsi la Mère des vivants? Assurément, si le rôle de nouvelle Eve se borne aux fonctions de la Vierge et n'entraîne aucune conséquence pour sa personne même. Mais, à considérer les choses dans l'ordre concret, il n'en va pas de la sorte. Comme nouvelle Eve, Marie a sa place à côté de son Fils, le nouvel Adam, dans l'œuvre de la rédemption. Dans cet ordre de la réparation et quand il s'agit de nous communiquer la vie surnaturelle, Jésus et Marie se trouvent étroitement unis, comme Adam et Eve le furent dans l'ordre de la perdition et dans la transmission de la vie naturelle au genre humain. Tous deux appartiennent au groupe des vainqueurs de Satan et des réparateurs, comme l'antique Adam et l'antique Eve appartiennent au groupe des vaincus et des déchus. Dans ce rôle personnel de la seconde Eve et dans son unité morale avec le Christ Rédemp-

(1) Voir sur ce point de bonnes remarques dans l'*Ami du clergé*, 8 février 1900, p. 126-128.

teur, les anciens Pères de l'Orient, ont vu nettement un double rapport : l'un de ressemblance, entre Eve innocente et Marie ; l'autre de contraste, entre Eve pécheresse et Marie. En vertu du premier rapport, la nouvelle Eve ne doit être en rien inférieure à l'ancienne ; en vertu du second, la pleine victoire sur le démon doit s'entendre, non pas d'une fonction isolée de la Vierge, mais de toute sa personne et de toute sa vie. Et c'est par ce côté que la doctrine patristique de Marie nouvelle Eve se rattache historiquement à celle de Marie toute sainte.

Telle est, en particulier, la doctrine de saint Ephrem. Dans un passage où il développe la comparaison traditionnelle entre Marie et Eve : « Toutes deux innocentes, dit-il, toutes deux simples, Marie et Eve avaient été faites de tout point semblables ; mais ensuite l'une est devenue cause de notre mort, et l'autre cause de notre vie (1). » Bien plus, aux yeux du grand docteur syrien, l'innocence brille si purement en Marie, que, dans une poésie de l'an 370, il ne craint pas de dire à son divin Fils, mettant en quelque sorte sur la même ligne la pureté du Christ et celle de la Vierge : « Vous et votre mère, vous êtes seuls parfaitement beaux sous tous rapports ; car, en vous, Seigneur, il n'est aucune tache, et en votre mère il n'est point de souillure (2). »

(1) « *Duæ innocentes, duæ simplices, Maria et Eva, sibi quidem prorsus æquales factæ erant, etc.* » *Sermones exegetici. In Genes.*, III, VI, dans *Opera syriace et latine*, t. II, p. 327, Rome, 1740. — Dans la bulle *Ineffabilis Deus*, Pie IX n'oubliera pas cette comparaison patristique de Marie avec Eve *adhuc incorrupta*, c'est-à-dire avec Eve considérée non pas à un moment quelconque de son existence, mais avant son péché, alors qu'elle était l'innocence même.

(2) *Carmina Nisibena...* édit. Bickell, p. 122, Leipzig,

Ainsi, à l'idée de Marie nouvelle Ève et de son rôle dans l'œuvre de la rédemption vient se joindre l'idée d'innocence parfaite, de pureté absolue. Comme Ève avant la chute ou, pour prendre la comparaison d'un document très ancien, comme la terre avant la chute, Marie est soustraite à la loi de la malédiction portée après le péché d'Adam. « Le premier homme a causé la mort par le bois de la prévarication ; il fallait que, par le bois de la Passion, la mort fût expulsée du séjour qu'elle avait usurpé. Le premier homme ayant donc été créé et formé d'une *terre immaculée*, il fallait que l'homme parfait naquît d'une *vierge immaculée* ; de la sorte, le Fils de Dieu, qui au début avait créé l'homme, réparerait la vie éternelle, perdue pour nous par Adam (1). »

S'inspirant de la même pensée, l'un des grands adversaires de Nestorius au concile d'Éphèse, saint Proclus, disciple et secrétaire de saint Jean Chrysostome pendant sa jeunesse, puis évêque de Cyzique et plus tard de Constantinople, nous montre la Mère du Christ « formée d'un limon pur », et le second Adam « pétri, par les mains immaculées de Dieu, de ce nouveau paradis virginal. » Il place dans la bouche des démons stupéfaits cette exclamation : « Aurons-nous donc à lutter contre une nouvelle Ève ? Devrons-nous livrer bataille à une femme immaculée ? » A la fin du discours, il dit de Marie : « Elle est ce globe céleste d'une nouvelle création, sur lequel le soleil

1866. Voir, dans ce même ouvrage, les *Prolégomènes*, n. 6, p. 28-30, où le savant éditeur met en relief la doctrine de saint Ephrem sur la pureté sans tache de la Mère de Dieu.

(1) *Epistola encyclica presbyterorum et diaconorum Achatæ de martyrio sancti Andreæ*, P. G., t. II, col. 1217.

de justice a toujours dardé ses rayons, chassant complètement de son âme la nuit des péchés (1). »

Un autre adversaire de Nestorius au concile d'Ephèse, Théodote, évêque d'Ancyre, dit à son tour : « A la place de la vierge Ève, qui a été pour nous un instrument de mort, Dieu a choisi, pour nous redonner la vie, une Vierge très agréable à ses yeux et toute pleine de sa grâce ; Vierge qui appartient au sexe féminin, mais qui est étrangère à l'iniquité de la femme ; Vierge innocente, sans tache, sans faute, sans souillure, intacte, sainte d'âme et de corps, germant comme un lis au milieu des épines, ignorante des maux d'Ève, digne du Créateur qui, dans sa divine prévoyance, nous l'a donnée pour médiatrice, fille d'Adam, mais sans lui ressembler (2). »

La littérature orientale est désormais riche sur ce thème. Après le concile d'Ephèse, les écrits des auteurs ecclésiastiques et les liturgies sont remplis d'allusions à ce rôle de seconde Ève qui convient à Marie, et à sa victoire sur le serpent infernal par son fils sans doute, mais aussi avec son Fils.

§ II. — *La « pleine de grâce ».*

Nous avons déjà rencontré la salutation angélique ; saint Justin, saint Irénée, saint Epiphane, saint Ephrem l'ont rapprochée du discours tenu à la première Ève par le serpent tentateur. Ainsi envisagée, elle leur a servi pour comprendre dans toute sa por-

----

(1) *Orat.* VI. *De laudibus S. Mariæ,* n. 8, 16, 17, P. G., t. LXV, col. 734, 751, 758.

(2) *Homil.* VI, *In S. Deiparam,* n. 11-12, P. G., t. LXXVII, col. 1427.

tée la mystérieuse promesse de la Genèse et montrer à côté du nouvel Adam la nouvelle Ève. Mais les Pères ont aussi porté leur attention sur le contenu même de cette salutation. Dans ses homélies sur saint Luc, Origène observe que l'ange s'adresse à Marie en un langage nouveau, inconnu jusqu'alors : « Car ces termes dont l'ange se sert : *Je vous salue, pleine de grâce*, κεχαριτωμένη, je ne me rappelle point les avoir lus dans aucun autre endroit des livres saints ; par ailleurs, ce n'est point à un homme que s'adressent ces mots : *Je vous salue, pleine de grâce*. C'est une salutation réservée exclusivement à Marie (1) ».

Comment cette plénitude de grâce convient-elle à Marie et que renferme-t-elle, bientôt les docteurs orientaux le diront et le rediront, avec une richesse étonnante et une fécondité inépuisable, dans ces litanies ou séries de *salutations* par lesquelles ils ont commenté l'*Ave* de l'ange Gabriel. Déjà quelques voix préludent à ce magnifique concert de louanges. « Je vous salue, *pleine de grâce* ; le Seigneur est avec vous. Vous êtes bénie, ô vous la plus belle, la plus gracieuse des femmes. *Le Seigneur est avec vous*, qui êtes toute vénérable, toute glorieuse, toute bonne. *Le Seigneur est avec vous*, digne objet de vénération, incomparable, supérieure à toute clarté, formée entièrement de rayons de lumière, digne de Dieu... » Ainsi parle, à l'époque du concile d'Éphèse, Théodote d'Ancyre (2). Mais au siècle précédent, saint Ephrem avait déjà entonné un cantique semblable : « L'ange vit la Vierge tout admirable, et, ravi, il lui rend en

(1) *Homil. VI, in Lucam*, P. G., t. XIII, col. 1815.
(2) *Homil. VI, in SS. Deiparam.* n. 12 ; P. G., t. LXXVII, col. 1428.

I   2

ces termes son tribut d'amour et d'hommage flatteur : *Je vous salue, pleine de grâce ; le ciel n'est pas plus élevé que vous... Bienheureuse êtes-vous, ô Marie, car le Saint-Esprit a habité en vous ; bienheureuse, d'avoir mérité d'entendre Gabriel vous saluer au nom du Père, etc. (1). »* Et que seront les prières à la Vierge, contenues dans les œuvres d'Ephrem, si ce n'est un développement du même genre ? « *Pleine de grâce* ... toute pure, toute immaculée, toute sans faute, toute sans souillure, toute sans reproche, toute digne de louange, toute intègre, toute bienheureuse (2). »

Comme nous sommes déjà loin de cette froide interprétation d'auteurs protestants qui prétendraient substituer à la traduction traditionnelle : *pleine de grâce*, cette autre : *qui as été justifiée !* Au reste, les exégètes catholiques montrent aisément que le terme χάρις, d'où dérivent le verbe χαριτοῦν et son participe κεχαριτωμένη signifie dans le nouveau Testament une grâce, une faveur, un don, un bienfait venant de Dieu ; ce qui, étant données la forme et la dérivation du verbe χαριτοῦν, mène directement au sens d'*enrichir, combler de grâce* (3).

En outre, pour interpréter tout le contenu des paroles angéliques, les Pères ne s'arrêteront pas au seul terme κεχαριτωμένη ; ils pèseront aussi tous les autres mots de la merveilleuse salutation : *Le Seigneur est avec vous ; vous êtes bénie entre toutes les femmes ;*

----

(1) *Sancti Ephræm Syri Hymni et sermones*, édit. Lamy, t. II, col. 578, 588, Malines, 1886.

(2) *Opera græce et latine*, t. III, p. 528, Rome, 1747.

(3) Voir, par exemple, dans le *Cursus Scripturæ sacræ*, Paris, Lethielleux, le commentaire du P. Knabenbauer sur ce passage.

ils n'oublieront pas les paroles de sainte Élisabeth, complémentaires en quelque sorte de la salutation angélique : *Vous êtes bénie entre toutes les femmes, et Jésus le fruit de vos entrailles est béni.* Que verront-ils alors ? La mère et le fils, unis dans la bénédiction divine, comme nous avons vu déjà la seconde Ève et le second Adam unis dans la réparation du genre humain et la victoire sur le serpent homicide. Comment la conception immaculée ne serait-elle pas contenue dans une telle plénitude de grâce et de bénédiction ! Car ce n'est pas seulement la présence du Verbe en son sein virginal qui fera Marie *pleine de grâce et bénie ;* elle l'est déjà, quand l'ange la salue ; elle l'est, comme un vase préparé dès l'origine à sa destination future. « Dieu s'est choisi pour Mère une vierge pure, prévenue de ses faveurs, qu'il s'était conservée et fiancée ; seule entre toutes, il l'a maintenue sans souillure, sans tache ; puis il est venu habiter dans cette bienheureuse, pleine de beauté, intègre de corps, toute pure et scellée en son âme ; et il s'est manifesté en cette fille d'origine divine, pleinement agréable à Dieu. » Tel est le langage du maître d'Éphrem, saint Jacques de Nisibe, dans un éloge que lui attribue un très ancien manuscrit syrien (1). Comment ne pas y reconnaître l'affirmation

______

(1) Le passage est cité par le P. Joseph Besson, missionnaire de Syrie au xvii° siècle, dont il sera parlé au chapitre iv, § 1. Voir *Civiltà Cattolica*, 1870, ix° série, t. XII, p. 549. — J'omets sciemment un certain nombre de textes qui courent les livres, anciens et même modernes, sur l'Immaculée Conception ; textes d'homélies faussement attribuées à Origène, à saint Grégoire le Thaumaturge, à saint Méthode, à saint Athanase, à saint Épiphane, à saint Basile, à saint Chrysostome, et autres. Assurément, on a le droit de les citer comme

de la sainteté indéfinie de la Vierge, s'étendant à sa personne comme à sa vie entière (1)?

§ III. — *La toute-sainte, l'Immaculée.*

Au dire des sectes modernes, la dévotion à la Mère de Dieu ne remonterait point aux premiers âges de l'Eglise ; pour l'Orient, elle daterait surtout du concile d'Ephèse, célébré en 431. Les historiens du culte de Marie n'ont pas de peine à faire justice de cette thèse nullement désintéressée. Mais ils reconnaissent volontiers que la dévotion à Marie prit à partir de ce concile un plus splendide développement. Nestorius contribua, sans le vouloir, à ce résultat. En attaquant l'unité de personne dans le Christ, cet hérésiarque ruinait du même coup la maternité divine de Marie ; il enlevait à la couronne de cette Reine son

témoignages de leur temps ; mais la date de ces divers écrits n'est pas, en général, suffisamment déterminée.

(1) Je me contente d'indiquer ici, ne pouvant la discuter en détail, l'objection soulevée contre la parfaite sainteté de Marie par quelques textes de Pères, comme saint Basile, saint Jean Chrysostome et saint Cyrille d'Alexandrie ; textes où « ils considèrent Marie comme affectée de l'imperfection humaine » et « relèvent dans sa vie des faiblesses, des défaillances de foi, l'inintelligence des choses de l'Evangile. » (*Grande Encyclopédie*, art. cité). Ces textes, réduits à leur portée réelle et au vrai sens de leurs auteurs, ou ne concernent en aucune façon la *sainteté* de Marie, ou ne supposent pas un genre de fautes qui, comme le péché originel, la rendrait esclave du démon et ennemie de Dieu. Le cardinal Newman a très bien traité ce point dans l'ouvrage *Certain difficulties felt by Anglicans in catholic teaching*, note 3, p. 128-182, Londres, 1876 ; en français: *Du culte de la sainte Vierge dans l'Eglise catholique. Lettre au Dr. Pusey*, Paris, 1866.

premier fleuron. Le triomphe du Fils fut le triomphe de la Mère, comme l'atteste l'anathème de saint Cyrille, lancé contre quiconque « ne reconnaît pas l'Emmanuel pour vrai Dieu, et la sainte Vierge pour Mère de Dieu ».

Alors il y eut dans l'Orient chrétien une réaction naturelle, la réaction de l'amour filial blessé d'abord, puis consolé et réjoui ; tous se tournèrent vers leur Mère souverainement glorifiée avec un redoublement de piété, de confiance et de vénération. Obéissant tout à la fois à une impulsion occasionnelle et à une loi générale du développement théologique, les docteurs sondèrent plus profondément les priviléges et les grandeurs de la Mère de Dieu. Quoi d'étonnant que la croyance à la sainteté parfaite, à la toute-sainteté de la bienheureuse Vierge, se soit épanouie et ait enfin énoncé ce qu'elle contenait réellement, mais implicitement, la pureté originelle de Marie ? Le progrès se fit, du reste, toujours dans la même ligne ; comme les Pères qui ont précédé, ceux du vi⁰ siècle et leurs continuateurs méditent les deux grands fondements de la sainteté de Notre-Dame, son rôle dans l'économie du salut et sa plénitude de grâce. De plus en plus, la nouvelle Ève leur apparaît étroitement unie au nouvel Adam dans l'œuvre de la réparation et dans la victoire sur l'antique serpent. De plus en plus, la plénitude de grâce propre à la Vierge bénie leur apparaît fondée et mesurée sur sa qualité de Mère de Dieu, si glorieusement consacrée à Éphèse. Et ils saluent en Marie, sous une forme ou sous une autre, la Pleine de grâce en tout et toujours, Ève redonnée ; Marie toute-sainte, Marie immaculée.

A cette période appartiennent, en général, ces nombreux témoignages dont la bulle *Ineffabilis Deus* présente un succinct, mais vivant tableau, Pie IX rappelle d'abord toutes ces figures de l'ancien Testament, que les Pères ont appliquées à la Vierge, pour peindre sa haute dignité, sa perpétuelle innocence et sa sainteté ineffable : arche de Noé qui seule, divinement construite, a complétement échappé au commun naufrage du monde entier ; échelle de Jacob qui s'élève de la terre au ciel et sur le sommet de laquelle s'appuie Dieu lui-même ; buisson ardent que Moïse voit brûler dans un lieu saint et qui, loin d'être consommé par les flammes pétillantes, loin d'éprouver la moindre altération, n'en est que plus vert et plus florissant ; tour inexpugnable à l'ennemi et de laquelle pendent mille boucliers et toute l'armure des forts ; jardin fermé qui ne saurait être profané, qui est à l'abri des souillures et des embûches ; cité de Dieu toute étincelante de clartés et dont les fondements sont assis sur des montagnes saintes ; auguste temple de Dieu tout rayonnant des splendeurs célestes et tout plein de la gloire du Seigneur.

Pie IX rappelle ensuite ces brillantes métaphores qui reviennent constamment dans les écrits des Pères orientaux, et qui toutes tendent à exalter l'incomparable pureté de la Vierge, son innocence et sa sainteté sans tache ; lis parmi les épines ; terre absolument intacte, terre vierge et toujours bénie ; libre de toute contagion et dont a été formé le nouvel Adam ; délicieux paradis d'innocence et d'immortalité, planté par Dieu lui-même et inaccessible à toutes les embûches du serpent venimeux ; bois incorruptible que le péché, ce ver rongeur, n'a jamais atteint ; fontaine toujours limpide et scellée par la vertu du Saint-Esprit ; plante toujours verte qui, par une providence spéciale de Dieu et contre les lois communes, est sortie florissante d'une racine flétrie et corrompue ; temple divin, tabernacle créé par Dieu lui-même, formé par le Saint-Esprit, et sur lequel ce nouveau Béséléel s'est plu à répandre l'or et les plus riches broderies ; sainte Jérusalem, trône sublime de Dieu ; arche de sanctification et demeure que s'est bâtie l'éternelle Sagesse ; éclatante aurore qui paraît dans le monde, en jetant ses rayons de tous côtés ; colombe unique de pureté et de beauté ; rose toujours belle et toujours fleurie ; nouvel Eve, mais Eve encore vierge, encore innocente, encore exempte de corruption,

Pie IX rappelle enfin toutes ces épithètes ou appellations variées qui, chez les mêmes Pères, s'accumulent autour de la Vierge Marie ; Reine qui, comblée des plus riches trésors et appuyée sur son bien-aimé, est sortie de la bouche du Très-Haut, parfaite, éclatante de beauté, entièrement agréable à Dieu; seule et unique fille non de la mort, mais de la vie ; production non de colère, mais de grâce ; Mère de Dieu immaculée et parfaitement immaculée, innocente et très innocente, irréprochable et absolument irréprochable, sainte et tout à fait étrangère à toute souillure du péché, toute pure et toute chaste, le modèle et en quelque sorte l'idéal de la pureté et de l'innocence, plus belle et plus gracieuse que la beauté et la grâce même, plus sainte que la sainteté, seule sainte et très pure d'âme et de corps, telle enfin qu'elle a surpassé toute intégrité, toute virginité, et que, seule devenue tout entière le domicile et le sanctuaire des grâces de l'Esprit-Saint, elle est, à l'exception de Dieu seul, supérieure à tous les êtres, plus belle, plus noble, plus sainte par sa grâce native que les Chérubins, les Séraphins et toute l'armée céleste,

Admirable concert de louanges, et qui pourtant n'est qu'une rapide énumération et comme un index des milliers de textes patristiques et liturgiques, rapportés et commentés dans le célèbre ouvrage *De immaculato Deiparæ semper virginis Conceptu*, qui fut comme la synthèse du passé et la préface de la définition pontificale (1). Cependant, il sera bon de relever dans ce tableau général les traits qui se rapportent plus directement à la question qui nous occupe et de glaner quelques épis dans cet ample champ de témoignages, du vi^e au xe siècle.

A l'aurore du vi^e siècle, un docteur syro-chaldéen, saint Jacques, évêque de Batna dans le pays de Saroug en Mésopotamie († 521), nous montre la bienheureuse Marie choisie pour mère par le Fils de Dieu, parce qu'elle était « pure, simple et sans tache... Si une seule tache, si un défaut quelconque avait jamais terni l'âme de la Vierge, sans nul doute le Fils de Dieu se fût choisi une autre mère, exempte de toute souillure (2) ». Quelle force aussi dans cette acclamation, empruntée au même saint par la liturgie syriaque : « Soyez en paix, ô femme belle entre toutes et pleine de grâce... Soyez en paix, ô sainteté restée toujours intacte, *justitia nunquam læsa* ; salut, ô

(1) Voir aussi l'excellente collection de documents, patristiques surtout, édités par le P. Antoine Ballerini, *Sylloge monumentorum ad mysterium Conceptionis Immaculatæ Virginis Deiparæ illustrandum* 2 vol. in-8°, Rome, 1854-1856, et Paris, Lecoffre 1855-1857. Les homélies et discours des Pères ont été réimprimés dans la *Patrologie* grecque de Migne.

(2) *Carmen de B. Virgine Maria primum*, édité par J. B. Abbeloos, *De vita et scriptis sancti Jacobi Batnarum Sarugi in Mesopotamia episcopi* p. 215, 223, in-8°, Louvain, 1867.

nouvelle Eve qui avez enfanté l'Emmanuel (1) ! »

Au siècle suivant, saint Sophrone, patriarche de Jérusalem († 638), nous servira d'exemple pour ces guirlandes de salutations et de louanges que tressent les orateurs de cette époque en commentant l'*Ave Maria* : « Je vous salue, *pleine de grâce* ; car vous avez été vraiment comblée des dons de la grâce au-dessus de toutes les créatures... Oui, vous êtes *bénie entre toutes les femmes*, car vous avez changé la malédiction d'Eve en bénédiction... Dieu le Père tout-puissant m'a envoyé vers vous, Vierge sans souillure et sans tache... Ne craignez rien, ô Marie ; car vous avez trouvé auprès de Dieu une grâce immortelle, une grâce excellente entre toutes, une grâce souverainement enviable, une grâce de toutes la plus splendide, une grâce perpétuelle... Beaucoup avant vous ont été saints ; mais aucun n'a été, comme vous, *rempli de grâce...* ; personne n'a été, comme vous, *purifié par anticipation...* Vous l'emportez sur tout ce qu'il y a de plus élevé parmi les hommes ; vous dépassez tous les dons que la largesse de Dieu a jamais répandus sur qui que ce soit... Aussi me suis-je écrié, et m'écrirai-je encore avec force : *Je vous salue, pleine de grâce, le Seigneur est avec vous ; vous êtes bénie entre toutes les femmes* (2). » Quelle est cette grâce, exclusivement propre à Marie, que saint Sophrone célèbre si magnifiquement ! La grâce de la maternité divine, sans aucun doute, mais prise dans toutes ses conséquences, c'est-à-dire avec tout ce qu'elle suppose et présuppose en Marie. Et c'est pour cela qu'il voit

____

(1) *Officium feriale juxta ritum ecclesiæ syrorum*, p. 292, Rome, 1853.

(2) *Orat.* II. *In ss. Deiparæ Annuntiationem*, n. 19, 22, 24, 25, 26, P. G., t. LXXXVI, col. 3240 et suiv.

la Vierge *sans souillure et sans tache, purifiée par anticipation*, en vertu d'un privilège unique,

L'épithète d'*immaculée*, donnée déjà couramment à Marie, s'étend donc bien au delà de la virginité corporelle, miraculeusement jointe à la maternité dans la conception de Notre-Seigneur Jésus-Christ. Marie est sans souillure et sans tache à tout moment de sa vie, parce que, dès le début, Dieu prépare en celle qu'il a choisie de toute éternité pour sa Mère, le temple où il sera reçu. Ainsi, dans son sermon sur la Présentation de Notre-Dame, saint Germain de Constantinople († 733) salue en cette enfant de bénédiction « un nouveau propitiatoire, tout ressemblant à Dieu, doué d'une vertu purifiante et qui n'a pas été construit par la main des hommes ». Et s'adressant à Dieu : « Recevez, dit-il, celle que vous avez choisie vous-même, que vous avez prédestinée, que vous avez sanctifiée... que vous avez cueillie du milieu de notre indignité, comme un lis parmi les épines (1). » Pareillement, un autre patriarche de Constantinople, saint Tarase († 806), parlant sur le même mystère de Notre-Dame, montre dans cette *fille de Dieu*, immaculée, pleine de grâce, vraiment sainte, une offrande digne de la Majesté divine : « Et comment ne serait-elle point une oblation immaculée, pure, sans tache, de la nature humaine, celle que Dieu a prédestinée avant la création du monde, et qu'il a choisie parmi toutes les générations pour devenir sa demeure exempte de toute souillure (2) ? »

Comme nous le verrons dans le prochain chapitre,

(1) *Sermo in ingressum ss. Deiparæ*, n. 2, 8, P. G., t. XCVIII, col. 294, 299.

(2) *In ss. Dei Matrem in templum deductam*, n. 6, 13, P. G. t. XCVIII, col. 1486, 1494, 1498.

nous sommes déjà parvenus à une époque où la fête de la Conception a fait sa première apparition. La croyance formelle au glorieux privilège de Marie existe donc réellement. Du reste, il suffit, pour s'en convaincre, de considérer attentivement diverses homélies sur la Nativité de la Sainte Vierge qui appartiennent aux viiie et ixe siècles. Nul doute que la pensée des panégyristes célébrant la sainteté de Marie ne s'étende à sa double naissance, naissance au monde extérieur alors qu'elle fut enfantée, et naissance au sein de sa mère alors qu'elle fut conçue. « En ce jour Adam offre à Dieu, en notre nom, des prémices choisies parmi nous, et ces prémices sont Marie. » Le Rédempteur du genre humain qui, pour former le premier Adam, avait pris du limon d'une terre vierge et intacte, voulant maintenant remplacer cette première formation par une création nouvelle, et préparant à cet effet sa propre Incarnation, choisit, dans toute la nature, cette Vierge pure et tout immaculée, renouvelant ainsi notre nature en cette Vierge, prise entre nous... Voici donc que de ces troncs stériles et arides un noble fruit *a germé*, cette Vierge toute immaculée (1). » Ainsi parle un évêque que nous retrouverons quand il s'agira de la fête de la Conception, saint André de Crète, mort vers l'an 720.

Ce ne sont pas là des accents isolés. Rien de plus étroitement uni, pour l'illustre docteur du viiie siècle, saint Jean Damascène, que l'idée de la Vierge Marie et l'idée de sainteté initiale. Écoutez comment il explique la conception miraculeuse de Notre-Dame par une mère stérile : « La nature cède le pas à la

(1) *Orat*, I. *In Nativitatem* B. *Deiparæ*, P. G., t. XCVIII, col. 811, 815.

grâce et s'arrête tremblante, incapable d'avancer toute seule. Puis donc que la Vierge Marie devait naître d'Anne, la nature n'osa pas devancer le *germe béni de la grâce*; elle resta vide de tout fruit jusqu'à ce que la grâce eût porté le sien. Il s'agissait, en effet, de la naissance, non pas d'une enfant vulgaire, mais de cette première-née d'où sortirait le Premier-né de toute créature, en qui subsistent toutes choses. O bienheureux couple Joachim et Anne! Toute la création vous est redevable; car en vous et par vous elle offre au Créateur le don qui surpasse excellemment tous les dons, je veux dire la chaste mère qui seu'e était digne du Créateur... O fruit sacré de Joachim et d'Anne!... O fille digne de Dieu, la beauté de la nature humaine, la réparation d'Ève notre première mère!... Vous aurez une vie supérieure à la nature, mais vous ne l'aurez pas pour vous-même; car ce n'est pas pour vous que vous êtes née. Vous l'aurez pour Dieu, puisque c'est pour Dieu que vous êtes entrée dans le monde; afin de coopérer au salut du monde, et que par vous soit rempli l'antique dessein de Dieu, celui de l'Incarnation du Verbe et de notre déification (1). »

Même idée dominante, mais avec une application plus directe encore à l'absence de tout péché en Marie, dans la seconde homélie sur la Nativité qui se trouve parmi les œuvres de saint Jean Damascène,

---

(1) *Homil. I, in Nativitatem B. V. Mariæ*, n. 2, 7. 9, P. G., t. XCVI, col. 663, 671, 675. Des doutes ont été émis touchant l'authenticité de ce discours; je signale le fait sans croire à la valeur objective des doutes émis. L'homélie *sur l'Annonciation*, où se trouve un long commentaire de la salutation angélique, n'est pas de saint Jean Damascène.

et que certains critiques revendiquent pour saint Théodore Studite († 812) : « Voilà que se construit pour le Créateur de toutes choses le temple dont il sera l'hôte... Tous étaient voués à la mort; mais Dieu, touché de miséricorde, n'a pas voulu que l'homme, formé de ses mains, retombât dans le néant, d'où il l'avait tiré. C'est pourquoi *il a créé un ciel nouveau, une terre nouvelle*, où, descendu par un conseil de bonté, pour réformer la famille humaine, il habiterait, lui que rien ne peut contenir. Et ce ciel, et cette terre, c'est la bienheureuse et mille fois bénie Vierge Marie !... Que ce monde est magnifique ! L'étonnante création, et la riche plantation de vertus !..., digne enfin de servir de demeure à Dieu venant au milieu des hommes !... C'est une terre *où l'épine du péché n'a jamais poussé...*, terre non point soumise, comme la première, à la malédiction, mais sur laquelle la bénédiction du Seigneur s'est reposée, car le fruit de ses entrailles est béni. » Et le panégyriste de Marie de saluer en elle « la splendide et magnifique rançon d'Ève, le nouveau ferment d'une réformation divine », et de tresser ensuite sa guirlande d'*Ave* (1).

Ciel nouveau créé par Dieu, terre bénie où l'épine du péché n'a jamais poussé, qu'est-ce, en vérité, autre chose que Marie toujours sainte, immaculée ? Et qui s'étonnera maintenant d'entendre un poète du x° siècle, Jean le Géomètre, saluer dans ses strophes sacrées « la Vierge qui n'a pas participé à notre iniquité; belle d'une beauté céleste et d'une beauté terrestre; et qui, pour avoir donné au Christ son corps

____

(1) *Homil.* II *in Nativit. B. V. M.*, n°° 1, 4, 5, 7, P. G., t. XCVI, col. 680, 683, 686, 690 et suiv.

mortel, a été exempte de la tache du premier
père (1) ? »

Il n'est pas jusqu'aux livres apocryphes qui ne té-
moignent à leur manière en faveur de l'Immaculée
Conception. Ainsi en est-il du livre *du Passage de
Marie*, d'après plusieurs versions antérieures à
l'époque où nous sommes arrivés. Dans un texte
latin, publié par Tischendorf, on met dans la bouche
de Notre-Seigneur ces paroles, adressées à sa sainte
Mère : « O palais et temple du Dieu vivant, ô Mère
bénie, ô Reine de tous les saints et bénie entre toutes
les femmes, avant même que vous ne m'eussiez porté
dans votre sein, toujours je vous ai gardée (2). » On
lit dans un texte syriaque : « La bienheureuse Vierge
fut sainte et choisie de Dieu dès l'instant où elle fut
dans le sein de sa mère ; et elle naquit de sa mère glorieusement et saintement, et elle se garda pure de
toute mauvaise pensée, pour qu'elle pût recevoir le
Messie son Seigneur qui vint en elle (3). » Un texte
arabe montre aussi Notre-Dame « choisie et sanctifiée
dès le sein de sa mère, qui l'enfanta chastement et
saintement (4), et présente couramment ces appellations : Vierge Immaculée, Dame Immaculée, Marie
immaculée.

(1) *Hymnus III, in Dei Genitricem*, vers 18-20, 20-30. P.
G., t. CVI, col. 862-
(2) C. Tischendorf, *Apocalypsis apocryphæ... item Mariæ
Dormitio*, p. 113. Leipzig 1876.
(3) W. Wright, *The Departure of my Lady Mary from
this world*, traduction anglaise du texte syriaque, dans
The Journal of sacred literature and biblical record,
avril 1865, p. 130.
(4) Maximil. Enger, *Joannis apostoli de transitu B. M.
Virginis liber*, texte syriaque et traduction latine, p. 11.
Elberfeld, 1854.

Peut-être même pourrait-on rattacher à cet apocryphe un verset du Coran, que les apologistes de
l'Immaculée Conception aiment à citer : « Les anges
dirent à Marie : Dieu t'a choisie, il t'a rendue exempte
de toute souillure, il t'a élue parmi toutes les femmes
de l'univers (1). » Le texte arabe paraît, il est vrai,
moins expressif, mais on ne peut nier que plusieurs
commentateurs musulmans n'aient vu là un hommage rendu par Mahomet à la conception sans tache
de Marie. Ils confirment ainsi soit l'antiquité de la
croyance, soit la popularité dont elle jouissait de leur
temps en Orient (2).

(1) *Le Koran*, ch. III, v. 37, trad. Kasimirski, p. 57,
Paris 1844. Le texte donne littéralement : « Dieu t'a
choisie et t'a *purifiée*, il t'a élue de préférence à toutes
les femmes de l'univers. »
(2) Voir Passaglia, n. 1816-1823 ; Mgr MALOU, *L'Immaculée Conception*, t. II, p. 27-29.

CHAPITRE II

LA VOIX DES LITURGIES

A la voix des docteurs et des écrivains ecclésiastiques de l'Orient s'ajoute enfin celle des liturgies. Double est le témoignage qu'elles nous fournissent ; témoignage spécial, par la fête et l'office de la Conception ; témoignage plus général, par tout ce qu'elles nous disent de la Vierge Marie.

§ I. — *Marie dans les Liturgies orientales.*

Inutile de rappeler toutes les figures, les comparaisons et les appellations que nous connaissons déjà par la bulle *Ineffabilis Deus*, et qui sont expressions usuelles dans les liturgies orientales. Insistons seulement sur l'épithète d'*immaculée* et ce qui peut en préciser la portée. Comment la Mère de Dieu y est-elle dite immaculée ? Non pas en passant, ni dans une phrase qui détermine et limite la signification de ce terme, mais couramment et sans restriction ; le terme même s'applique à la Vierge purement et simplement, comme un nom distinctif qui la fait reconnaître aussitôt. Qu'on lise, par exemple, les nombreux passages cités par le P. Gagarin (1) dans son excellent opuscule sur le dogme de l'Immaculée Conception, on y trouvera constamment de ces expressions : Vierge Immaculée, son âme Immaculée, très immaculée Mère de Dieu, ô très Immaculée, ô tout à fait Immaculée, ô fiancée toute Immaculée, seule pure et Immaculée, la pure, la toute Immaculée. Qu'on lise encore dans le *Mariale* de l'hymnographe saint Joseph, moine basilien du ix° siècle, les *Canons* de cet auteur et les *Théotochies* ou strophes de la Mère de Dieu, extraites des *Menées* (2); à chaque page on rencontrera les mêmes expressions, et d'autres non moins significatives : « O vous qui avez toujours été toute glorifiée par Dieu ; ô toute immaculée et toute bénie ; ô Vierge toute sans tache, ornée de toute sainteté ; fille de Dieu ; toute pure et toute lumineuse ; ô Vierge comblée de toute bénédiction, joie des fidèles, exempte de toute tache ; ô souverainement immaculée ; colombe Immaculée ; rose toujours fleurie ; vous qui avez enfanté la joie et écrasé le serpent, etc. » Ce ne sont pas là des expressions quelconques ; car souvent elles portent avec elles leur raison d'être et leur explication : « Le Verbe Créateur de toutes choses vous a trouvée seule exempte de toute tache, et c'est pour cela que, dans son ineffable miséricorde, il a habité en vous avant d'opérer notre salut... O Vierge exempte de toute tache, extraordinaire est votre *conception*, extraordinaire votre naissance, extraordinaire votre entrée et votre vie au temple ; extraordinaire, admirable,

____

(1) *Troisième lettre à une Dame russe sur le dogme de l'Immaculée Conception*, Paris-Tournai, 1857. L'opuscule comprend quatre lettres.

(2) MIGNE, P. G., t. CV, col. 1041 et suiv.

I 3

au-dessus de nos paroles et de nos pensées, est tout ce qui vous concerne (1). »

Mêmes accents dans les autres liturgies orientales. Pour les Arméniens, Marie est « l'arbre de vie planté dans le paradis, la terre spirituelle, le champ pur des épines du péché (2). » Leur poète sacré, Grégoire de Nareg (951-1003), célèbre en cette sainte Mère de Dieu « la gloire ineffable du premier père dépouillé, la consolation d'Ève tristement déchue et sa réparation..., la fille *sans péché* de notre première mère pécheresse (3). » Et, dans une prière, voici en quels termes il s'adresse à Marie : « Au milieu de tant d'angoisses... je t'implore, ô sainte Mère de Dieu ! Ange d'entre les hommes ; chérubin visible en la chair ; souveraine du ciel ; pure comme l'air ; chaste comme la lumière ; immaculée à la ressemblance de l'étoile du matin dans les hauteurs du ciel !... Eden spirituel ; arbre de la vie immortelle défendu par un glaive de feu ! Fortifiée et protégée par le Père au plus haut des cieux ! revêtue et purifiée par la descente de l'Esprit-Saint ! Ornée par l'habitation du Fils et devenue son tabernacle !... En raison de ta pureté sans tache et de ta bonté sans souillure, en raison de ta sainteté inaltérable, intercède avec clémence ; reçois les prières de celui qui a confiance

(1) Migne, *ibid.*, col. 994. Voir aussi la *Réponse à la lettre patriarcale et synodale de l'Eglise de Constantinople sur les Divergences qui divisent les deux Eglises*, par (Maxime MALATAKIS), prêtre catholique, p. 89-91, Constantinople, 1896.

(2) *Laudes et hymni ad SS. Mariæ Virginis honorem ex Armenorum breviario excerpta, mechitaristicæ Congregationis opera latinitate donata*, p. 6, Venise, 1877.

(3) *Discours sur les louanges de la Vierge*, § 17, 19, dans les *Œuvres complètes* de saint Grégoire DE NAREG, p. 327, 328. Venise, 1827.

dans tes requêtes... Protège-moi sous les ailes puissantes de tes prières, ô toi que je confesse Mère des Vivants !... Intercède, demande, supplie ; car, à cause de ta pureté ineffable, je crois à l'efficacité de ta parole (1)... »

Aux Grecs et aux Arméniens se joignent les Coptes pour acclamer la Vierge sans tache. « Je vous salue, ô vous qui êtes pleine de grâce, Vierge immaculée, tabernacle qui n'a pas été fait de main d'homme, trésor de vérité... Le Père vous a faite, et l'Esprit-Saint est descendu sur vous... O Christ, c'est vous qui l'avez commencée, et qui l'avez établie pour le salut du monde... Aussi tous vous exaltent, ô Notre-Dame Mère de Dieu, toujours pure (2). »

Et les Maronites de s'écrier : « Béni soit Celui qui l'a élue et qui, voulant naître d'elle, l'a formée lui-même dans le sein maternel. Bienheureuse êtes-vous, ô Marie, qui avez mérité d'enfanter d'une manière ineffable le Fils du Très-Haut, car vous êtes Vierge et vous êtes Mère de l'Ancien des jours, le Créateur d'Adam et d'Eve (3) ! »

Je le demande maintenant, peut-on, en face de tous ces témoignages, soutenir sérieusement que l'épithète d'*immaculée* concerne la seule intégrité virginale de Marie dans le divin enfantement du Christ ? Identifions l'*Immaculée* et la *Toujours-Vierge*, 'Αειπαρθένος, à la bonne heure ; mais à condition d'en-

(1) *Nareg-Precum.* Discours LXXX. Venise, 1827. J'emprunte la traduction à M. Félix Nève, *L'Arménie chrétienne et sa littérature*, in-8°, Louvain, 1886.

(2) *Theotokia copto-arabica*, p. 136, 100, 260, 55, édit. Tuki, 1764.

(3) *Officium feriale Maronitarum*, ad 1am fer. VI, p. 401, 5e édit., Beyrouth, typogr. des Pères de la Compagnie de Jésus, 1877.

tendre ce dernier mot, comme les Grecs, de la parfaite virginité de corps et d'âme, qui exclut toute souillure soit corporelle, soit spirituelle.

Dira-t-on que ces témoignages écartent seulement de Marie le péché *in actu*? Mais, sans compter que beaucoup présentent un sens manifestement plus général, tous ne tendent-ils pas à cette conclusion : Marie a été toute et toujours sainte! C'est la Toute-Sainte, Ἡ παναγία ; celle qui est sans souillure, Πανά-χραντος ; or, comme le remarque un pieux auteur, « cette qualification implique d'abord l'universalité de temps, parce que la Sainte Vierge a été sans souillure en tout temps, même en celui où sa sainte âme fut créée; ensuite, l'universalité de lieu, parce que Marie fut sans souillure non seulement au ciel et sur la terre, mais aussi dans le sein de sa mère; puis l'universalité de la souillure, parce que Marie est exempte de toute souillure et de tout genre de souillure, sans excepter le péché originel; enfin l'universalité des créatures, parce que la Sainte Vierge les surpasse toutes en pureté, en exemption du péché (1). » Y a-t-il dans ce commentaire du terme Πανάχραντος autre chose qu'une synthèse de ce qui précède? Pourtant, nous pouvons demander aux liturgies un témoignage plus précieux encore.

§ II. — *La fête de la Conception.*

« Qu'on interroge les Syriens, les Arméniens, les Maronites, les Chaldéens, les Cophtes, les Melchites, les Albanais du rite grec, et tous les autres qui demeurent dans les domaines de la Moscovie, de la

(1) Simon WANGNERECK, *Pietas mariana Græcorum*, cent. II, n° 143, Munich, 1647.

Lithuanie, de la Pologne, de Venise et des Deux-Siciles ; qu'on leur demande si la Conception immaculée de la glorieuse Vierge se célèbre dans leurs régions et dans leurs églises, et tous répondront d'une voix unanime : Assurément elle se célèbre, et avec la plus grande dévotion (1). » Ainsi parlait, au xviiie siècle, un auteur franciscain. Il renvoyait ses lecteurs aux calendriers gréco-slaves et gréco-russes publiés soit par le bollandiste Papebroch dans le premier volume de mai des *Acta Sanctorum*, soit par le P. Possevin, au tome III de son *Apparatus sacer*, p. 173.

Depuis lors, que de doctes travaux sur le même sujet, tous établissant que la fête de la Conception figure dans les divers calendriers des Eglises d'Orient ! Qu'on ouvre le *Kalendarium manuale utriusque Ecclesiæ*, et l'on trouvera la fête au neuvième jour de décembre, chez les Grecs, les Maronites et les Arméniens ; au huitième, dans le rite syriaque pur et le rite syro-chaldéen des catholiques ; au treizième, chez les Coptes. Elle porte pour titre dans le calendrier grec : *La Conception de sainte Anne, mère de la Mère de Dieu* ; dans les calendriers gréco-slaves : *La Conception de sainte Anne, quand elle conçut la très sainte Mère de Dieu* ; dans ceux du rite syriaque pur et du rite syro-maronite : *La Conception de la bienheureuse Vierge Marie* ; chez les Arméniens : *La Conception de la Sainte Vierge Marie par ses parents Joachim et Anne* ; chez les Syro-Chaldéens catholiques : *La Conception immaculée de Notre-Dame Marie imma-*

____

(1) GRAVOIS, *De ortu et progressu cultus ac festi immaculati conceptus Beatæ Dei Genitricis V. Mariæ*, art. 1, n° 11, Lucques 1764. Réédité dans la *Summa aurea*, t. VIII, col. 295.

culée ; chez les Coptes enfin : *La Conception imma-culée de la Mère de Dieu la Vierge Marie*. Dans la plupart de ces rites, la fête est obligatoire, ou du moins solennelle (1).

Nous avons là un fait de grande importance pour l'antiquité de la fête de la Conception ; autrement, comment expliquer qu'elle se rencontre dans toutes ces communions qui, depuis tant de siècles, sont séparées entre elles ? Ce n'est assurément pas à la constitution de l'empereur Comnène qu'on pourra s'arrêter, pour trouver le point de départ commun. D'ailleurs, dans l'Eglise grecque elle-même, il faut remonter bien au delà de cette époque ; les documents historiques en font foi.

Dans sa constitution de l'an 1166, Alexis Comnène parle bien de la fête de la Conception, mais ce n'est pas pour l'instituer ; c'est seulement pour la maintenir au nombre des solennités, désormais moins nombreuses qu'auparavant, où les tribunaux de l'empire doivent vaquer (2). Ce qui prouve que la cour et la ville de Constantinople comptaient alors la *Conception de Marie* parmi les principales solennités ecclésiastiques.

La fête se trouve déjà dans le *typicon* ou rituel de l'abbé Nicon, dressé vers l'an 1060 pour le patriarcat

(1) Voir, pour tous ces détails, l'ouvrage du P. NILLES, *Kalendarium manuale utriusque Ecclesiæ orientalis et occidentalis*, t. I, p. 348, 465, 486 ; t. II, p. 556, 625, 681, 700, 2ᵉ édit., Inspruck, 1896 ; — pour le rite gréco-slave en particulier, J. MARTINOV, *Annus ecclesiasticus græco-slavicus*, p. 303, Bruxelles, 1863, inséré dans les *Acta Sanctorum*, t. XI, *mensis octobris* ; le P. GAGARIN, *L'Eglise Russe et l'Immaculée Conception*, Paris, 1876.

(2) *Novella de diebus ferialis. Decembris dies IX, in quo scilicet Conceptio sanctissimæ matris Dei nostri celebratur.* P. G., t. CXXXIII, col. 755.

d'Antioche, et par conséquent pour une très grande partie des églises d'Asie ; on y lit au neuvième jour de décembre : *La Conception de sainte Anne, quand elle conçut la bienheureuse Vierge Marie Mère de Dieu* (1). » Dans le *Ménologe*, édité par ordre de l'empereur Basile Porphyrogénète (+ 1025), la fête est également consignée à la même date, sous cette rubrique : *La Conception de sainte Anne, mère de la Mère de Dieu.* Suit cette explication : « Notre-Seigneur et Dieu voulant se préparer un temple vivant et une demeure sainte où il habiterait, envoya son ange vers Joachim et Anne, ces justes qu'il avait destinés à donner le jour à sa mère selon la chair, et pour donner crédit à la conception virginale de la fille, fit annoncer la conception de la mère inféconde et stérile. La sainte Vierge Marie fut donc conçue, et elle naquit, non pas au bout de sept mois ou sans qu'il y eût eu coopération de l'homme, *comme certains le prétendent*, mais au bout de neuf mois révolus et l'homme ayant sa part à la naissance de cette enfant de promesse (2). »

Un siècle et demi plus tôt, la même solennité est déjà rangée parmi les fêtes complètement fériées dans le *Nomocanon* (883) de Photius (3). Georges de

(1) Assemani, *Kalendaria Ecclesiæ univ.*, t. V, p. 434, Rome 1755.

(2) *Menologium Græcorum, Basilii Imperatoris jussu editum*, P. G., t. CXVII, col. 195. Les deux singulières opinions auxquelles le passage cité fait allusion, n'étaient pas nouvelles. Saint Tarase parle déjà de la première comme venant d'une source hérétique, dans son discours sur la Présentation, n° 5, P. G., t. XCVIII, col. 1486 ; l'autre a laissé des traces dans plusieurs documents anciens. Voir, par exemple, l'hymne citée dans la *Civiltà Cattolica*, 1876, 9° série, t. XII, p. 554.

(3) *Photii Nomocanon*, tit. VII, ch. 1 ; *Item nonus De-*

Nicomédie, contemporain de ce patriarche de Constantinople, en parle en ces termes dans un discours dont l'objet est l'*Annonce de la Conception de Marie* : « Elle est splendide et éclatante par elle-même, la solennité que nous fêtons ; mais ce qui la fait paraître plus splendide encore, c'est le concours et la piété de ceux qui viennent y prendre part.., Avec cette nombreuse assemblée, nous célébrons en ce jour votre fête, ô Vierge sainte ; fête *qui n'est pas d'institution récente*, mais qui par son objet, comme dans l'ordre des temps, est une de nos fêtes principales (1). »

Vers la même époque, un évêque d'Orient, venu de Sicile, Pierre d'Argos, prononçait aussi sur la *Conception* un discours qui nous fournit un témoignage semblable au précédent : « Réjouissons-nous, s'écrie-t-il, célébrons solennellement la Conception de celle à qui nous devons toute joie et un bonheur ineffable. La solennité d'aujourd'hui rappelle l'origine et la cause de tous ces biens ; elle est, en outre, comme l'aurore des autres fêtes qu'elle annonce et prépare (2). »

Du IX° siècle remontons au VIII°, et même au VII°, Vers l'an 740, Jean d'Eubée prononçait une homélie sur la *Conception*, qui nous apprend tout à la fois l'existence de la fête et sa diffusion restreinte. Parlant des dix grandes solennités qu'il faut célébrer : « La première, dit-il, est celle où Joachim et Anne reçurent l'heureuse nouvelle de la conception de Marie toute immaculée et Mère de Dieu. Vient en-

cembris, quippe quia tunc Genitricis Dei nostri Conceptio celebretur, P. G., t. CIV, col. 1070. Voir aussi le *Synaxarium*, P. G., t. CVI, col. 1314.

(1) *Orat. I. In Oraculum Conceptionis S. Deiparæ*, P. G., t. C, col. 1335, 1351.

(2) *Orat. in Conceptionem S. Annæ, quando concepit Sanctam Dei Genitricem*, P. G., t. CIV, col. 1351, 1354.

suite l'auguste naissance de cette même Marie..., » Et vers la fin de son discours, il donne le 9 du mois de décembre pour date de la fête, en observant toutefois « qu'elle n'est pas reçue de tous (1). » Enfin, il nous reste le *Canon* composé vers l'an 675 par saint André de Crète, pour la fête de la *Conception de sainte Anne* (2). Et c'est la première date certaine qu'on puisse assigner.

Quelques auteurs invoquent, il est vrai, un document plus ancien, le *Typicon* ou Rituel de saint Sabas, généralement employé dans les églises grecques. Comme ce rituel a été composé originairement vers l'an 485 de notre ère, sur des données plus anciennes encore, et qu'il contient, au 9 décembre, la fête de la *Conception*, on se croit en droit de faire remonter cette solennité au moins au ve siècle. Mais il faut ajouter que le *Typicon* de saint Sabas a subi plus tard, surtout à l'époque de saint Sophrone et de saint Jean Damascène, beaucoup d'additions et de remaniements ; on ne peut donc affirmer légitimement que la fête de la *Conception* appartenait à la rédaction primitive. Mais l'existence certaine de cette solennité au viie siècle implique l'antériorité de la croyance. Par conséquent, il y a, dans le fait qui vient d'être exposé, une preuve éclatante de l'antique tradition des églises d'Orient en faveur du glorieux privilège de Marie.

(1) *Sermo in Concept. Deiparæ*, n° 10, 23, P. G , t. XCVI, col 1475, 1499.

(2) *Die nona Decembris. Conceptio sanctæ ac Dei aviæ Annæ*, P. G., t. XCVII, col. 1306. — Assemani parle aussi de manuscrits des Evangiles, écrits avant l'an 800 et contenant un catalogue des fêtes de l'année où figure, au 9 décembre, la *Conception de sainte Anne. Kalendar. Eccles. univ.*, *loc. cit.*, t. V, p. 434.

Mais ici les adversaires de l'Immaculée Conception nous arrêtent. L'objet de la fête, disent-ils, n'était nullement pour les Orientaux la conception de Marie, dans le sens du dogme catholique ; c'était la conception *miraculeuse* de sainte Anne, c'est-à-dire la conception par laquelle sainte Anne devint mère de la Vierge, mais en y joignant les circonstances extraordinaires dont on la supposait accompagnée. En d'autres termes, on fêtait non pas Marie qui est conçue, mais sainte Anne qui conçoit après une longue stérilité et grâce à de ferventes supplications, récompensées enfin par l'apparition d'un ange et l'annonce de la Vierge Marie. Pure légende, tirée de l'Evangile apocryphe de la *Nativité de Marie*, mais acceptée naïvement par les orateurs et panégyristes de ce temps-là. Les églises orientales ne fêtaient-elles pas aussi la conception de saint Jean-Baptiste ? Elles ne prétendaient pas exempter le Précurseur de la tache originelle, mais l'honorer seulement pour les circonstances extraordinaires qui s'attachent à son origine première, suivant le récit de saint Luc ?

§ III. — *Objet de la fête de la Conception.*

L'objection est spécieuse, mais rien que spécieuse. Il en résulte qu'absolument parlant, on pourrait concevoir une fête de la Conception pour Notre-Dame, comme pour saint Jean, sans qu'elle eût pour objet l'exemption de la tache originelle ; plus tard, nous retrouverons même cette idée en Occident. Mais — et la question présente est là — serait-ce la fête de la Conception de Marie telle qu'elle nous apparaît dans l'Eglise orientale ? « Il est vrai, observe justement Mgr Malou, que dans les offices de cette Eglise, qui sont très prolixes, les circonstances merveilleuses de la conception de la Sainte Vierge sont rappelées avec admiration et reconnaissance ; les qualités de Mère de Dieu, de co-rédemptrice, de Vierge-Mère y sont célébrées en termes pompeux ; l'apparition de l'ange aux parents de Marie y est décrite, et les espérances que la conception de la Sainte Vierge faisait naître y sont exaltées. Mais au milieu des prières et des cantiques qui se rapportent à ces circonstances extrinsèques, on voit percer à chaque instant l'intention formelle de célébrer la sainteté originelle, parfaite, perpétuelle de la Mère de Dieu (1). »

Il est une grande idée qui revient dans l'office de la Conception, comme dans les discours relatifs à cette fête ; idée que nous avons rencontrée chez les Pères et dans le *Ménologe* grec : Dieu prépare la demeure dont il sera l'hôte ; le Verbe pose les fondements de sa Mère future. Cette idée nous permet déjà de ne pas mettre sur la même ligne les trois conceptions célébrées par les Grecs : celle de Notre-Seigneur Jésus-Christ, celle de Notre-Dame et celle de saint Jean-Baptiste. La première est évidemment hors de pair, comme conception du Dieu incarné ; la conception de saint Jean-Baptiste est celle du Précurseur. La conception de la Vierge tient le mi-

(1) *L'Immaculée Conception*, t. I, p. 170. Voir aussi, sur cette question, un ouvrage publié par deux moines basiliens, les Pères Toscani et Cozza : *De Immaculata Deiparæ Conceptione Hymnologia Græcorum ex editis et manuscriptis codicibus Cryptoferratensibus*, Rome, 1862. Cet ouvrage a été utilisé dans un article intitulé : *L'hymnologie grecque et l'Immaculée Conception*, et publié dans la *Revue catholique* de Louvain, 1864, t. XXII, p. 336-350.

lieu, mais elle se rattache à la première, comme conception de la Mère du Sauveur, dont les privilèges se règlent et se mesurent sur les rapports de Marie à son divin Fils et sur son rôle de seconde Ève, ne faisant moralement qu'un avec le second Adam.

Consultons les *Menées*, aux 8 et 9 décembre, vigile et jour de la fête (1). A matines, j'entends chanter : « Livrons-nous aujourd'hui à des chants joyeux, magnifiques, divins ; invitons toutes les créatures à louer la divine conception de la Mère parfaitement innocente... C'est maintenant que la porte inaccessible se commence, maintenant que la cité toute lumineuse s'élève en brillant ; l'ange annonce aux justes en ce jour celle qui, par un privilège unique, est de tout point sans tache. » Mêmes accents dans la suite de l'Office : « Les oracles des prophètes s'accomplissent ; la sainte montagne s'établit dans les entrailles d'Anne, l'échelle divine se dresse, le trône du grand Roi se prépare, la demeure divine s'orne, le buisson ardent commence à germer, et le vase de sanctification se met à sourdre... En ce jour est clairement annoncée la pourpre du Christ, cette immaculée tissue par la grâce dans un sein stérile... L'univers célèbre aujourd'hui la conception d'Anne faite en Dieu ; car elle a conçu celle qui, d'une manière ineffable, a enfanté Dieu... Célébrons ce jour qui nous rappelle les oracles de l'ange prédisant la sainte conception de l'innocente Mère de Dieu... Nous admirons en vous, ô Mère de Dieu *surglorieuse*, une création prodigieuse ; votre conception est extraordinaire, votre origine sort des lois communes. »

(1) *Menæa*, p. 64 ss. Venise, 1843 ; Passaglia n° 1663, 1671, 1674.

Empruntons encore quelques traits à l'*Antholo-gion* (1). « Le chœur des prophètes a prédit jadis cette vierge innocente et immaculée, cette fille de Dieu, que conçoit Anne longtemps stérile et infé-conde ; en ce jour célébrons-la dans la joie de notre cœur, nous qui lui devons le salut, proclamons-la bienheureuse, comme seule exempte de toute tache. La conception de cette innocente, de cette fille de Dieu, est le premier des divins et augustes mystères, prédits par Dieu avant les siècles ; elle nous présage la ruine des œuvres des ténèbres et la fin des souf-frances... Dans un sein stérile, la sagesse divine se construit une demeure, Marie Mère de Dieu. »

A ces extraits tirés de l'office de la Conception il faudrait joindre ce que disent les mêmes livres li-turgiques en la fête de la Nativité. Car c'est un fait remarquable que l'Eglise grecque ne considère pas la Vierge Marie d'une façon différente dans ces deux moments de son existence, la naissance au sein de sa mère et la naissance au monde visible ; dans l'un et dans l'autre cas, mêmes louanges, même applica-tion de textes scripturaires, mêmes expressions (2). La raison du fait est très simple et très instructive à la fois : à ces deux moments, l'Eglise grecque voit, et voit uniquement en Marie la Mère de Dieu, la fille de Dieu, la nouvelle Eve, les prémices de notre salut. Qu'il s'agisse de la première ou de la seconde nais-sance ; qu'il s'agisse de Marie conçue ou de Marie en-

(1) *Anthologion*, p. 181, 183, Venise, 1838 ; Passaglia, n° 282, 1674.

(2) Voir dans *Passaglia*, n° 1681, un rapprochement entre les expressions dont se sert l'*Anthologion* au 9 dé-cembre et celles dont se servent les *Menées* au 8 sep-tembre. Voir aussi la *Troisième Lettre à une Dame russe*, par le P. GAGARIN.

fantée, qu'importe ? Aussi, dans l'office du 8 septembre, c'est tantôt la naissance, tantôt la conception même de la Vierge qui est célébrée. On doit considérer comme étrangère à l'Eglise grecque d'alors l'idée d'une *sanctification* de la Vierge qui, comme celle de saint Jean-Baptiste, précéderait la naissance mais serait postérieure à la conception.

La sainteté originelle de la Mère de Dieu rentrait donc dans l'objet de l'antique fête de la Conception. Qu'on dise, si l'on veut, que les Eglises orientales n'ont pas fait théoriquement la distinction entre conception active et conception passive, qu'elles ont pris le mystère en bloc, soit ; mais elles n'en ont pas moins honoré comme saintes et divines, quoique sous un rapport différent, la conception active de sainte Anne et la conception passive de Marie : la première, pour les circonstances miraculeuses qui s'y rattachaient ; la seconde, pour les dons de la grâce qui, dès le début, ornèrent l'âme de Notre-Dame.

Aussi bien, les discours et les chants composés pour la fête, du VII⁰ au IX⁰ siècle, confirment pleinement ce que la liturgie vient de nous apprendre. Dans son célèbre *Canon*, si largement utilisé dans les *Menées* et l'*Anthologion*, saint André de Crète considère d'abord celle qui conçoit miraculeusement : « En ce jour nous célébrons, ô pieuse Anne, votre conception ; car, délivrée des liens de la stérilité, vous concevez celle qui dans son sein a pu contenir l'Immense. » Mais bientôt la pensée du poète passe à la Vierge ; après l'avoir montrée prédite par les prophètes, et conçue sans tache, il s'écrie : « Dans toute l'allégresse de notre cœur, proclamons-la bienheureuse, cette unique et toute immaculée qui nous a procuré le salut (1). »

« Si l'on célèbre à bon droit les dédicaces des églises, dit à son tour Jean d'Eubée, avec combien plus de zèle et de ferveur ne convient-il pas de célébrer cette solennité ! Car on n'y pose point des fondements de pierre matérielle, on n'élève point à Dieu un temple bâti de la main des hommes ; mais il s'agit de la *conception* de Marie, la sainte Mère de Dieu, en laquelle, par le bon plaisir de Dieu le Père et la coopération de l'Esprit très saint et vivifiant, Jésus-Christ Fils de Dieu, la pierre angulaire, se bâtit à lui-même une demeure (2). »

Personnifiant la nature, Pierre d'Argos nous la montre qui tressaille d'allégresse en voyant dans la conception de Marie les gages de la réconciliation et les *prémices* du retour à l'état primitif. « Aujourd'hui même, lui fait-il dire ensuite, une rose poussant dans le sein d'Anne, je veux dire Marie, fait évanouir l'infection que j'avais contractée dans la corruption du péché ; en me pénétrant de sa bonne odeur, elle me fait participer à sa joie céleste. Une femme jusqu'ici m'avait fait misérable ; désormais c'est par une femme que me vient tout bonheur (3). »

Qu'on lise enfin les quatre discours de Georges de Nicomédie sur la *Conception*. On y trouvera le panégyrique de sainte Anne, mais encore plus celui de la Vierge Mère, « fruit très saint de parents saints » ; on y entendra chanter la construction du tabernacle

(1) *Canon...* P. G., t. XCVII, col. 1306 et suiv.
(2) *Sermo in Conceptionem Deiparæ*, n⁰ 21, P. G., t. XCVI, col. 1495.
(3) *Orat. in Conceptionem S. Annæ*, n⁰ 1, 10, P. G., t. CIV, col. 1351, 1360.

divin, la pourpre royale tissue en ce jour, les prémices du salut et les *arrhes* données aux hommes
dans la personne de cette fiancée, dès maintenant
choisie et parée par son céleste Epoux.

Au reste, la remarque faite au sujet des liturgies
s'applique aussi aux orateurs ; souvent en prêchant
sur le mystère de la Nativité de Marie, ils remontent
du fruit devenu visible au germe premier qu'il
fut, et leur pensée comme leur amour se fixe sur
la Vierge bénie au moment où elle sortit des
mains de ce Dieu tout-puissant qui la fit pour Lui-
même. Tels, par exemple, saint André de Crète,
saint Jean Damascène et saint Théodore Studite,
dans les passages cités plus haut. Dès lors, ne faut-il
pas voir dans la fête de la Conception comme un dé-
doublement de la fête de la Nativité, qui à l'origine
se rapportait à Marie considérée dans sa première et
sa seconde naissance ?

En tout cas, voici la conclusion légitime des faits
acquis : il a fallu ou que la fête de la *Conception* pré-
existât à la séparation des diverses Eglises de
l'Orient, ou que du moins, pour se faire accepter,
elle fût l'expression naturelle d'une croyance commune à toutes, relativement à la sainteté originelle
ou, d'une façon plus générale, à la sainteté indéfinie
de la Mère de Dieu.

CHAPITRE III

LA CROYANCE A L'IMMACULÉE CONCEPTION EN ORIENT
APRÈS LE SCHISME

§ I. — *Les témoins postérieurs au schisme.*

La question de la Conception sans tache de Marie
n'entra pour rien dans les causes qui amenèrent,
sous Photius, le déplorable schisme de l'Eglise
d'Orient. « En ce jour, la Vierge Mère naît d'une
mère stérile, et le palais se prépare pour la venue
du Seigneur... En ce jour, la Vierge sort de flancs
inféconds, et le péché jusqu'alors fécond est frappé
de stérilité... Proférons des cantiques d'action de
grâces : Adam est renouvelé, Eve nous est redonnée (1). » — « Anne arrête dans son sein le tor-
rent du péché et de l'iniquité... En ce jour naît celle
qui, Mère de Dieu selon la chair, est sa fille selon
l'esprit de sanctification... Honorons-la pour la naissance d'ordre naturel qu'elle tient d'une mère stérile, mais beaucoup plus encore pour cette autre

(1) Photius, *Homil.* I. *In ss. Dei genitricis natalem diem*
P. G., t. CI. col. 550, 555.

I

4

naissance qu'elle doit à la grâce d'en haut (1). »
Nous venons d'entendre successivement Photius et
son adversaire, Nicétas David de Paphlagonie.

Après la rupture définitive, en 1054, sous le pa-
t.iarcat de Michel Cérulaire, la fête de la *Conception*
se maintint, comme on l'a déjà vu, et avec la fête la
croyance au glorieux privilège de Marie. Jacques le
moine, prêchant un quart de siècle plus tard sur ce
mystère, reprend les idées et souvent les expressions
des panégyristes que nous avons entendus au chapitre précédent (2).

Fait digne de remarque, c'est même à cette
époque qu'on rencontre les témoignages les plus explicites en faveur de l'Immaculée Conception. Tel,
au début du xiii° siècle, ce passage d'Isidore de
Thessalonique, où, dans une homélie sur le mystère
de la Présentation, il nous montre Marie échappant
seule à la parole du prophète et pouvant dire d'elle-
même : *Je n'ai pas été conçue dans l'iniquité*, ou encore : *Ma mère, par un privilège unique, ne m'a pas
conçue dans le péché*, car cette grâce est comprise, elle
aussi, au nombre des *grandes choses que le Tout-
Puissant a faites en moi* (3). »

Une vingtaine d'années après, un patriarche de Constantinople très hostile à l'Eglise romaine, Germain II,
célèbre, en des accents qui ne le cèdent pas à ceux de
son homonyme du viii° siècle, la Vierge « très digne
coopératrice de la reconstruction », la nouvelle Eve

(1) Nicétas David, *Orat.* 1. *In diem natalem ss. Dei genitricis*, P. G., t. CV, col. 22, 23, 27.

(2) *Orat.* 1. *In Concept. ss. Deiparæ*, P. G., t. CXXVII,
col. 546.

(3) *Sermo* 11. *In Ingressum immaculatissimæ Dominæ
nostræ*, n° 13, P. G., t. CXXXIX, col. 52.

que, dans un parallèle frappant, il oppose à l'ancienne. Puis, s'adressant à Notre-Dame : « Vous
êtes, lui dit-il, un paradis planté de la main de
Dieu, et du jour où, suivant des lois qui vous sont
propres, vous avez été conçue, Dieu a commandé
aux Chérubins d'agiter autour de vous leur épée
flamboyante et de vous garder de toute part à l'abri
du serpent séducteur (1). »

A la voix des évêques se joint même celle des em-
pereurs. C'est, au milieu du xive siècle, Mathieu Can-
tacuzène qui, dans son commentaire sur le Cantique
des Cantiques, voit en Marie la tour de David « laquelle ne fut jamais exposée aux pièges de l'ennemi,
et fut toujours préservée de toutes les attaques du
perfide ». Arrivant au célèbre verset *Tota pulchra...*
il ajoute : « Considérant la Mère de Dieu pleinement
exempte de toute tache et cause de salut pour le
monde, l'écrivain inspiré lui jette cette exclamation :
Voici que *vous êtes toute belle, mon amie, et il n'y a
point de tache en vous* (2). »

Vers la fin du même siècle, Emmanuel Paléologue
parle plus nettement encore dans un discours sur
l'Assomption. S'adressant à Notre-Dame, il lui dit
d'abord : « Vous appeler Mère de Dieu, ô Immaculée,
c'est dire comme en abrégé tout ce qui fait l'objet
de vos louanges. » Et que lisons-nous ensuite parmi
les applications ? Ceci en propres termes : « Aussitôt que la bienheureuse Vierge fut née, disons même
aussitôt qu'elle fut conçue, celui qui l'avait déjà
choisie pour Mère la remplit de sa grâce ; oui, avant

(1) *Homil.* vi. *In Annuntiationem,* nos 4, 7, 44. P. G.,
t. CXL, col. 682, 683, 727.
(2) *In Canticum Canticorum,* c. iv vers. 4 et 7, P. G.,
t. CLII, col. 1035, 1038.

qu'elle ne fût née, il était avec elle (1). » Que pourrions-nous demander de plus expressif ?

L'Eglise russe, unie à l'Eglise grecque, pourrait nous fournir des témoignages semblables jusqu'au dernier siècle (2). Contentons-nous d'en demander quelques-uns aux Eglises orientales séparées. Au xiiie siècle, l'hymnographe syro-chaldéen George Warda célèbre, dans un chant sur la conception de la Vierge, celle qui n'a point été souillée par le péché, qui « seule a échappé au déluge universel du péché, étant restée intacte, comme jadis la toison de Gédéon ». Dans un autre chant en l'honneur de Marie, il écrit : « Qui pourrait jamais comprendre, s'exprimer ou discourir dignement, au sujet de cette Vierge intègre et immaculée, sainte et sanctifiée, et cela dans sa conception même, destinée qu'elle était dès le sein de sa mère à devenir l'arche, l'autel, le temple, le palais, le trône du Dieu vivant des siècles ? Le vautour ne l'a pas aperçue ; il ne l'a pas étreinte dans ses serres ; l'esprit rôdeur ne l'a point rencontrée (3).

Au xiiie siècle encore, mais en Arménie, le prêtre George Vardan s'adresse ainsi à Notre-Seigneur dans une hymne en l'honneur de saint Joachim et de sainte Anne : « Vous qui d'une seule parole avez fait sortir du néant l'univers, vous avez en ce jour jeté

---

(1) *Oratio in summe venerandam... Dei matris Dormitionem*, P. G., t. CLVI, col. 92, 98.

(2) Dans l'opuscule *L'Eglise russe et l'Immaculée Conception*, le P. Gagarin traite cette question, et apporte d'excellents témoignages. Voir, en particulier, la citation tirée de l'archevêque Lazare Baranovitch, p. 13, et la profession de foi des Starovères, p. 29.

(3) *Pareri*, t. III, p. 179 (témoignage du patriarche de Babylone, en 1850).

dans le sein d'Anne les *fondements d'un monde nou-*
veau, répondant à vos nouveaux desseins pour le
sa'ut des hommes... D'une terre stérile est sorti pour
nous en ce jour un germe de joie et de sainteté, le
lis des vallées, la fleur des prés, Marie la fille
unique et la racine de la plante qui donne l'immortalité (1). »

A cette série de témoignages postérieurs au
schisme grec, ajoutons un fait historique qui a sa
valeur. Quand le pape Alexandre VII eut publié, en
1661, la célèbre Constitution *Sollicitudo omnium ec-*
clesiarum, le supérieur des missions de la Compagnie
de Jésus en Syrie et en Perse, le P. Joseph Besson,
né à Carpentras en 1607 et mort en 1691, entreprit
de justifier solennellement la doctrine de l'Immaculée Conception, si manifestement favorisée par
l'acte pontifical. Il composa d'abord un travail, où il
réunit environ deux cents passages tirés des plus
anciens livres liturgiques des Orientaux, pour prouver l'existence antique et constante de la croyance
au glorieux privilège de Marie et de la fête de la
Conception dans toutes les Eglises et parmi tous les
peuples d'Orient. Puis il fit convoquer dans la ville
d'Alep les principaux personnages intéressés à la
question, en particulier trois patriarches et un ar-

(1) *Laudes et Hymni ex armenorum Breviario excerpta,*
p. 10. Signalons ici ce que raconte Mathieu Paris dans
son *Historia major* l'an 1228, p. 351, Londres, 1640.
Un archevêque de la Grande Arménie, ayant visité cette
année-là le célèbre monastère de Saint-Alban, en Angleterre, on lui demanda si la fête de la Conception de
la bienheureuse Marie se célébrait dans son pays. La réponse fut affirmative, mais l'explication ajoutée par le
pré'at arménien paraît supposer la fausse idée d'une
conception indépendante de saint Joachim.

chevêque schismatiques. La réunion eut lieu en présence du consul de France, François Baron. Or, après une étude sérieuse des preuves invoquées, les trois patriarches et l'archevêque souscrivirent par écrit aux conclusions du missionnaire et reconnurent « que Notre-Dame sainte Marie la Vierge très pure a toujours été libre et exempte du péché originel, comme l'ont expliqué tant d'anciens Pères, docteurs de l'Eglise orientale (1). »

§ II. — *Les voix discordantes.*

« Je reconnais volontiers, écrivait le P. Gagarin dans sa *quatrième Lettre*, que dans des temps plus rapprochés de nous, il y a eu des Grecs qui ont parlé et écrit contre le privilège de Marie... Ainsi, je vois la Conception immaculée de Marie ouvertement niée dans une profession de foi de Métrophane Critopoulo, patriarche d'Alexandrie, mise par Weissenborn au nombre des livres symboliques de l'Eglise orientale. »

Oui, il y a eu des voix discordantes avant la définition du dogme par Pie IX, et il y en a eu depuis. Toutefois, commençons par rétablir les faits en ce qui concerne Métrophane. Le document (2) n'a pas

(1) Le récit se trouve avec détails et citation de témoignages dans la *Civilta catholica*, 1876, IX⁰ série, t. XII, p. 541-556, l'article ayant pour titre : *Nuovi documenti della Chiesa orientale intorno al domma dell'Immacolata Concezione di Maria santissima.* — Dans une lettre à Pie IX, du 30 avril 1849, Mgr l'archevêque de Philippes, délégat apostolique parmi les fidèles du Liban, rapporte quelque chose d'approchant, comme lui étant arrivé à Damas, *Pareri*, t. I, p. 145.

(2) Kimmel, *Monumenta fidei Ecclesiæ orientalis*, 2⁰ part. p. 177-179. Iéna, 1850. Cette seconde partie est l'*Appendix librorum symbolicorum Ecclesiæ orientalis*, de Weissenborn.

le caractère de livre symbolique qu'on lui a prêté. Quand son auteur le composa, en 1625, il n'était point patriarche d'Alexandrie, mais simple prêtre, et il sortait des universités d'Oxford, de Tubingue, de Strasbourg et autres, où il avait passé huit années à étudier sous des maîtres protestants. Dès lors, on a le droit de poser cette question : Cistopoulo a-t-il parlé comme témoin de l'antique tradition orientale, ou n'aurions-nous pas dans sa profession de foi un écho soit des préjugés propres au milieu où il avait puisé sa science, soit des discussions dont l'Occident avait retenti ? La réponse devient facile, quand on entend invoquer, comme premier argument, la nécessité d'une rédemption de la Vierge par son Fils. C'est l'objection principale des adversaires de l'Immaculée Conception en Occident ; nous la retrouverons et la discuterons plus tard. Contentons-nous d'examiner ici l'argument que Métrophane prétend tirer des Pères de l'Eglise orientale.

« Quand les saints Pères interprètent ces paroles de l'ange à Marie : *Le Saint-Esprit descendra sur vous, et la Vertu du Très Haut vous couvrira de son ombre*, ils se demandent : Pourquoi le Saint-Esprit descendit-il d'abord sur la Vierge ? C'était, répondent-ils, pour la purifier et en faire un vase digne de porter le Verbe ; car elle avait besoin d'être purifiée. Mais, si elle n'avait pas été conçue et n'était pas née comme les autres hommes, elle n'aurait pas eu besoin d'être ainsi purifiée par le Saint-Esprit. » — Telle est l'objection de Critopoulo (1), grave dans ses

(1) Métrophane ne cite aucun Père en particulier, mais il fait allusion à plusieurs, par exemple, saint Ephrem, *Serm.* XI *de Nativitate Domini* (*Opera syriace et latine,*

conséquences, si cette interprétation des anciens Pères était exacte. Comme il s'agit d'une purification opérée au moment de l'Incarnation, il s'en suivrait que la très Sainte Vierge serait restée jusqu'alors souillée par la tache du péché originel, morte à la vie surnaturelle, enfant de colère, esclave du démon. Vraiment peut-on faire dire pareille chose à des panégyristes de Marie tels que saint Ephrem et saint Jean Damascène ? Et peut-on oublier ou ignorer jusqu'à ce point en quels termes toutes les liturgies de l'Orient chantent Notre-Dame dans l'office de la Conception ou de la Nativité ? Disons donc que la pensée de ces Pères est tout autre et bien plus relevée. Chez eux, comme dans la sainte Ecriture, le terme de *purification* ne signifie pas toujours le passage de l'état de péché à l'état de grâce, mais il signifie aussi le passage à un degré supérieur de sanctification ou de pureté, dans l'âme ou dans le corps. Le moment était venu, où Marie devait coopérer par l'esprit et par la chair au sublime mystère de l'Incarnation ; son enfantement virginal devait être soustrait à toutes les souillures qui, d'après la loi commune, accompagnent la génération humaine. Tout cela demandait une nouvelle et plus abondante effusion de grâces sur toute la personne de la bienheureuse Vierge ; tout cela demandait une *purification*, mais dans le sens relatif que nous venons d'expliquer (1).

Aux objections si peu décisives de Métrophane

t. II, p. 429); saint Grégoire de Nazianze, *Orat.* XLV, n. 9. P. G., t. XXXVI, col. 634; saint Jean Damascène, *De fide orthod.*, l. III, c. II, P. G., t. XCIV, col. 986, etc.

(1) Voir Passaglia, n. 1545, et le P. J.-B. Terrien, *La Mère de Dieu*, t. II, p. 109.

Critopoulo ajoutons-en une autre, plus récente et qui, plus d'une fois, a embarrassé des esprits graves dans les Eglises grecque et russe (1). La mort est le châtiment du péché, comme l'enseigne saint Paul ; Marie étant morte, il faut bien conclure qu'elle a subi la loi du péché, au moins dans sa conception.

La réponse complète viendra plus tard, dans la seconde partie de notre étude. Maintenant qu'il s'agit de l'Eglise d'Orient, la seule question importante est celle-ci : cette Eglise et ses anciens docteurs ont-ils relié la mort de Marie à un péché qui lui soit propre ? Tout au contraire. Il en est, comme saint Epiphane, qui sont allés jusqu'à mettre en doute la mort de la bienheureuse Vierge ; les autres, admettant la certitude du fait, ne peuvent cacher leur étonnement : « Comment, lui demande saint Jean Damascène, comment, ô immaculée, pouvez-vous être soumise à la mort ? Vous, pont de vie et échelle du ciel (2)... » Mais, fille d'Adam, elle subit la sentence portée contre son père, puisque son fils, qui est la vie même, n'a pas refusé de la subir. Pensée que l'Eglise grecque s'est appropriée dans l'office de l'Assomption, et d'une façon toute particulière dans le concile assemblé à Jérusalem en 1672, sous le patriarche Dosithée, pour réagir contre l'importation des erreurs calvinistes : « La mort de la très sainte Vierge n'a nullement eu pour cause la contagion du péché, mais seulement les principes naturels qui, même avant le péché, se trouvaient dans l'homme... Elle était dans l'abondance des biens, elle n'avait aucun péché, mais elle

(1) P. GAGARIN, *quatrième lettre*, p. 28 et suiv.
(2) *Homil.* II *in Dormitionem B. V. Mariæ*, n. 8, P. G., t. XCVI, col. 734.

portait la nature humaine et par là était sujette à la
mort. Elle avait bien reçu de Dieu la grâce de ne
jamais mourir, si elle l'avait voulu, et d'entrer au
ciel en conservant la vie, mais elle n'a pas voulu re-
courir à ce privilège (1). » — Quoi qu'il en soit de ce
prétendu privilège, il est du moins clair que, dans la
pensée de ceux qui parlent ainsi, la mort n'est pas
pour Marie la peine d'un péché qui lui soit propre.

Reste une dernière objection, beaucoup plus grave.
Si l'Eglise d'Orient croyait réellement à la Conception immaculée de la bienheureuse Vierge, comment
expliquer la récente protestation venue de Constantinople ? Car on lit, et dans un document authentique
cette fois, l'affirmation suivante : « L'Eglise des sept
Conciles œcuméniques, une, sainte, catholique et
apostolique, a pour dogme que l'incarnation surnaturelle de l'unique Fils et Verbe de Dieu par le Saint-
Esprit et la Vierge Marie est la seule qui soit pure
et immaculée. Mais l'Eglise papale a encore innoyé,
il y a quarante ans à peine, en établissant, au sujet
de la conception immaculée de la Vierge Marie, la
Mère de Dieu, un dogme nouveau, qui était inconnu
dans l'ancienne Eglise, et qui avait été jadis violem-
ment combattu même par les plus distingués théologiens de la papauté (2) ».

La réponse servira de conclusion à la première
partie de notre étude.

(1) KIMMEL, *op. cit.* 1re part., p. 355. Il s'agit directement, dans ce passage, du péché *actuel*, par pensée, action ou parole, mais ceci n'affaiblit en rien la doctrine
générale qu'on y lit, relativement à la mort de la
très Sainte Vierge.

(2) *Lettre encyclique patriarcale et synodale du très
Saint-Siège apostolique et patriarcal... Constantinople,
1895*

§ III. — Où est la vraie Tradition ?

Comment donc expliquer cette protestation, élevée contre le dogme de l'Immaculée Conception par le successeur des Proclus, des Tarase, des Germain, des Photius même ? Je ne sais. Faudrait-il remonter aux germes d'erreur semés à l'époque de Métrophane Critopoulo, ou même faudrait-il répéter ce que disait déjà, il y a bientôt cinquante ans, un auteur souvent cité : « Il s'est trouvé des Grecs qui, aveuglés par leur haine contre Rome et se préoccupant avant tout du soin de recueillir des objections contre sa doctrine, ont voulu faire de la pieuse croyance à laquelle les papes accordaient une préférence et une faveur qui ne pouvait être équivoque pour personne, un nouveau sujet de dispute et de discorde (1) ? »

Sans doute, l'Église des sept Conciles œcuméniques ne lit pas dans ses définitions de foi le dogme sanctionné par Pie IX, mais où rencontre-t-elle l'exclusion de cette croyance, appuyée sur tant de témoignages ? « Dans quelle définition dogmatique de ses sept Conciles ou des Conciles suivants, dans quels Pères, dans quels Docteurs, l'Encyclique a-t-elle trouvé que cette Incarnation pure et Immaculée, que les catholiques croient et confessent aussi bien qu'elle ; que cette Incarnation infiniment sainte, ineffable et absolument hors de toute comparaison, puisqu'elle est celle d'un Dieu, en qui tout est d'une valeur infinie, soit ternie et rabaissée le moins du monde, et non pas plutôt relevée et ennoblie, par l'Immaculée Conception de la divine Mère (2) ? »

(1) P. GAGARIN, *Quatrième Lettre... p. 5.*
(2) *Réponse à la lettre patriarcale et synodale de*

Rien dans les professions de foi authentiques de cette Eglise des sept Conciles œcuméniques, qui soit en contradiction avec la croyance au glorieux privilège de Marie. Dans celle de Pierre Mogila, plus connue sous le titre de *Confession orthodoxe de la foi de l'Eglise catholique et apostolique d'Orient*, je vois cette explication de la salutation angélique : « Cette appellation de la Vierge, *pleine de grâce*, nous enseigne que Marie, étant Mère de Dieu, a reçu une participation de la grâce beaucoup plus grande qu'aucune autre créature, et c'est avec raison que l'Eglise l'exalte au-dessus des Chérubins et des Séraphins (1). » Dans le *Catéchisme détaillé de l'Eglise catholique orthodoxe d'Orient*, on lit encore : « La très Sainte Vierge Marie, étant mère de Dieu, surpasse toute créature en grâce et en mérite, et c'est pour cela que l'Eglise orthodoxe l'honore au-dessus des Chérubins et des Séraphins. » Ce n'est pas nier l'Immaculée Conception, mais continuer l'antique Tradition sur la sainteté exceptionnelle et unique de la bienheureuse Vierge Marie.

Si l'innovation qu'on reproche à l'Eglise romaine consistait dans la *définition* même d'une vérité qui n'est pas formulée dans les « sept Conciles œcuméniques », et qui fut longtemps discutée en Occident, de quel droit supposerait-on que le développement de la foi se fût arrêté au dernier de ces conciles, ou que l'opposition faite à une vérité fût un obstacle perpétuel à sa définition, même quand la vérité une fois éclaircie, l'opposition cesse ?

l'Eglise de Constantinople sur les divergences qui divisent les deux Eglises, p. 79, Constantinople, 1890.

(1) KIMMEL, *op. cit.*, p. 110.

On a écrit : « Quand l'Eglise patriarcale et synodale met au nombre des divergences qui séparent les deux Eglises la doctrine de l'Eglise romaine sur l'Immaculée Conception de la Mère de Dieu, *nous doutons qu'en cela elle soit l'interprète légitime du vrai sentiment de l'Eglise orientale* (1). » Le doute est légitime. Avant de procéder à la définition de la pieuse croyance, Pie IX fit appel à tout l'épiscopat dans son encyclique du 2 février 1849. Des réponses vinrent d'Orient.

Mgr. Kassoun, archevêque primat des Arméniens unis de Constantinople, écrivit, le 25 juillet de la même année : « J'ai convoqué mes prêtres, et j'ai soumis la question à un nouvel examen. Il est résulté de leur témoignage unanime que jamais chez nous le moindre doute ne s'est élevé sur l'Immaculée Conception de Marie, et que l'opinion contraire à ce privilège a toujours fait horreur dans notre Eglise. »

Le patriarche de Babylone répondit, le 10 juillet 1850 : « Nous déclarons que notre croyance et celle de nos frères métropolitains, des religieux, des prêtres et de tous les fidèles de la nation chaldéenne touchant l'Immaculée Conception de la Sainte Vierge dans le sein de sa mère, ne diffère en rien de la croyance des catholiques d'Europe... Nous sommes fortement attachés à cette croyance. »

Mgr de Nilopolis, vicaire apostolique en Abyssinie, donna cette réponse : « Parmi les chrétiens d'Ethiopie, à qui la main des hérétiques et des schismatiques a retranché depuis de longues années le fruit de la bonne doctrine, j'ai trouvé à ma grande joie que les

____

(1) *Réponse à la lettre patriarcale...* p. 73.

sectes sont à peu près unanimes à professer l'Immaculée Conception de Marie et à déclarer la Sainte Vierge exempte du péché originel (1). »

En 1891, le révérend Frédéric George Lee, alors membre de l'Eglise anglicane, publia un volume en faveur de l'Immaculée Conception de la Mère de Dieu, Il cite cette phrase, écrite en 1853, par un professeur d'Athènes, membre de l'Eglise grecque schismatique, M. Christophe Damalas : « Ce n'est point une nouveauté ; nous avons toujours tenu et toujours enseigné cette doctrine, depuis les premiers siècles de l'antiquité chrétienne ; ou plutôt, je dirais volontiers que ce point a toujours été religieusement tenu pour acquis comme un fait sacré ; trop sacré, en réalité, pour donner lieu aux querelles et aux disputes, et n'ayant pas besoin d'une définition de la part de Rome (2) ».

Où est l'écho de l'antique Tradition ? au Phanar ou au Vatican ?

(1) Ce témoignage et les deux précédents se trouvent dans les *Pareri..,* t. I, p. 460 ; t. II, p. 249 ; t. III, p. 177.
(2) *The sinless Conception of the Mother of God,* p. 58, in-8°, Londres, 1891. Voir aussi une autre lettre du mois de février 1891, contenue dans la Préface, p. XXIII.

IMPRIMERIE BUSSIÈRE. — SAINT-AMAND (CHER).

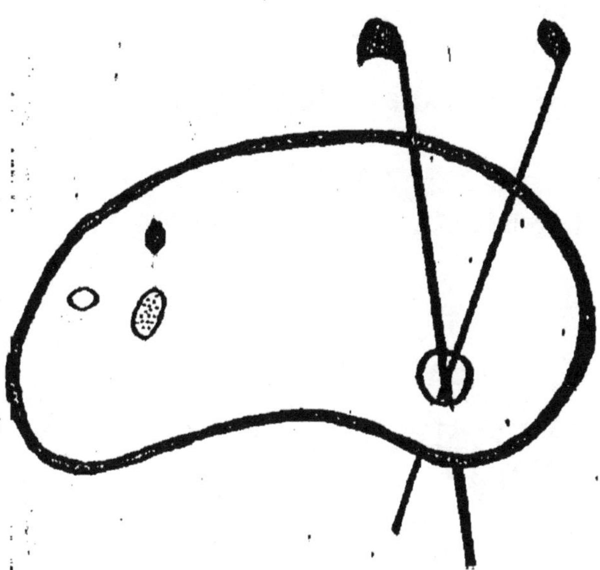

DEBUT D'UNE SERIE DE DOCUMENTS
EN COULEUR

L'IMMACULÉE CONCEPTION

Courte Histoire d'un Dogme

DEUXIÈME PARTIE : L'OCCIDENT

PAR LE

R. P. Xavier-Marie LE BACHELET S. J.

PARIS

LIBRAIRIE BLOUD & Cie

4, RUE MADAME ET RUE DE RENNES, 59

1903

SCIENCE ET RELIGION

Études pour le temps présent. — Prix : 0 fr. 60 le vol.

-- Certitudes scientifiques et certitudes philosophiques, par le
R. P. DE LA BARRE, S. J., prof. à l'Institut catholique de Paris.   1 vol.
-- *Du même auteur* : L'Ordre de la nature et le Miracle.   1 vol.
-- L'Ame de l'homme, par J. GUIBERT, supérieur du séminaire de
l'Institut catholique de Paris.   1 vol.
-- Faut-il une religion ? par l'abbé GUYOT.   1 vol.
-- *Du même auteur* : Pourquoi y a-t-il des hommes qui ne professent aucune religion ?   1 vol.
-- Nécessité scientifique de l'existence de Dieu, par P.
COURBET.   1 vol.
— *Du même auteur* : Jésus-Christ est Dieu.   1 vol.
    id.   Convenance scientifique de l'Incarnation.   1 vol.
— Études sur la pluralité des mondes habités et le dogme de
l'Incarnation, par le R. P. ORTOLAN
I. — *L'Épanouissement de la vie organique à travers les plaines de
l'infini.*   1 vol.
II. — *Soleils et terres célestes.*   1 vol.
III. — *Les Humanités astrales et l'Incarnation.*   1 vol.
-- *Du même auteur* : La Fausse Science contemporaine et les
    Mystères d'Outre-tombe.   1 vol.
    id.   Vie et Matière ou Matérialisme et spiritualisme en présence de la Cristallogénie.   1 vol.
    id.   Matérialistes et Musiciens.   1 vol.
-- L'Au delà ou la Vie future d'après la foi et la science, par
l'abbé J. LAXENAIRE.   1 vol.
-- Le Mystère de l'Eucharistie. — Aperçu scientifique, par
l'abbé CONSTANT.   1 vol.
-- *Du même auteur* : Le Mal, sa nature, son origine, sa réparation.   1 vol.
-- L'Église catholique et les Protestants, par G. ROMAIN.   1 vol.
-- *Du même auteur* : L'Inquisition, son rôle religieux, politique et
social.   1 vol.
-- Mahomet et son œuvre, par J. L. GONDAL, professeur d'apologétique et d'histoire au séminaire Saint-Sulpice.   1 vol.
-- *Du même auteur* : L'Église Russe.   1 vol.
-- Christianisme et Bouddhisme (*Études orientales*), par l'abbé
THOMAS, vicaire général de Verdun.   2 vol.
-- *Du même auteur* : Dieu auteur de la vie.   1 vol.
    id.   La Fin du monde d'après la Foi.   1 vol.
-- Où en est l'hypnotisme, son histoire, sa nature et ses dangers,
par A. JEANNIARD DU DOT, auteur du *Spiritisme dévoilé.*   1 vol.
— *Du même auteur* : Où en est le Spiritisme.   1 vol.
    id.   L'Hypnotisme et la science catholique. 1 vol.
    id.   L'Hypnotisme transcendant en face de la
    philosophie chrétienne.   1 vol.

— L'Apologétique historique au XIXe siècle. La Critique irréligieuse de Renan, etc., par l'abbé Ch. Denis. 1 vol.

— Nature et Histoire de la liberté de conscience, par l'abbé Canet. 1 vol.

— L'Animal raisonnable et l'Animal tout court, par C. de Kirwan. 1 vol.

— La Conception catholique de l'Enfer, par l'abbé Brémond. 1 vol.

— L'Attitude du catholique devant la Science, par O. Fonsegrive. 1 vol.

— Du même auteur : Le Catholicisme et la Religion de l'Esprit. 1 vol.

— Du Doute à la Foi, par le R. P. Tournebize, S. J. 1 vol.

— Du même auteur : Opinions du jour sur les peines d'outre-tombe. 1 vol.

— La Synagogue moderne, sa doctrine et son culte, par A. F. Saurin. 1 vol.

— Du même auteur : Le Talmud et la Synagogue moderne. 1 vol.

— Evolution et Immutabilité de la doctrine religieuse dans l'Eglise, par M. Prunier, supérieur de grand séminaire. 1 vol.

— La Religion spirite, son dogme, sa morale et ses pratiques, par J. Bertrand. 1 vol.

— Du même auteur : L'Occultisme ancien et moderne. 1 vol.

— L'Hypnotisme franc et l'Hypnotisme vrai, par le Docteur Hélot. 1 vol.

— L'Eglise et le Travail manuel, par l'abbé Sabatier. 1 vol.

— Unité de l'espèce humaine, *prouvée par la similarité des conceptions et des créations de l'homme*, p. le marquis de Nadaillac. 1 vol.

— Du même auteur : L'Homme et le Singe. 2 vol.

— Le Socialisme contemporain et la Propriété, par M. O. Ardant. 1 vol.

— Pourquoi le Roman à la mode est-il immoral et pourquoi le Roman moral n'est-il pas à la mode ? p. O. d'Azambuja. 1 vol.

— Comment se sont formés les Evangiles ? par le P. Th. Calmes, professeur au grand séminaire de Rouen. 1 vol.

— L'Impôt et les Théologiens, *Etude philosophique, morale et économique*, par le comte de Vorges, ancien ministre plénipotentiaire, membre de l'Académie de Saint-Thomas, etc., etc. 1 vol.

— Du même auteur : Les Ressorts de la Volonté et le libre arbitre. 1 vol.

— Nécessité mathématique de l'existence de Dieu. *Explications. — Opinions, Démonstrations*, par René de Cléré. 1 vol.

— Saint Thomas et la Question juive, par Simon Deploige, professeur de l'Université Catholique de Louvain. 1 vol.

— Premiers principes de Sociologie Catholique, par l'abbé Naudet. 1 vol.

— La Patrie. — *Aperçu philosophique et historique*, par J. M. Villefranche. 1 vol.

— Le Déluge de Noé et les races Prédiluviennes, par C. de Kirwan. 2 vol.

— La Saint-Barthélemy, par Henri Hello. 1 vol.

— L'Esprit et la Chair. *Philosophie des macérations*, par Henri Lasserre, auteur de *Notre-Dame de Lourdes*, etc., etc. 1 vol.

— Le Levier d'Archimède ou la Mécanique céleste et le Céleste mécanicien, par le R. P. Ortolan.   2 vol.
— Ce que le Christianisme a fait pour la femme, par G. d'Azambuja.   1 vol.
— L'Hypnotisme et la Stigmatisation, par le Dr Imbert-Gourbeyre.   1 vol.
— L'Education chrétienne de la Démocratie, *essai d'apologétique sociale*, par Ch. Calippe.   1 vol.
— La Religion catholique peut-elle être une science ? par l'abbé G. Frémont.   1 vol.
— *Du même auteur :* Que l'Orgueil de l'Esprit est le grand écueil de la Foi, *Théodore Jouffroy, Lamennais, Ernest Renan.*   1 vol
— La Révélation devant la Raison, par F. Verdier, supérieur d Grand Séminaire.   1 vol
— Confréries musulmanes, — *Histoire, Discipline, Hiérarchie,* par le R. P. Petit.   1 vol.
— Pratique de la Liberté de conscience dans nos Sociétés contemporaines, par l'abbé Canet.   1 vo
— Comment peut finir l'Univers, d'après la science, par C. d Kirwan.   1 vol
— Les Théories modernes de la Criminalité, par le Docteur Delassus.   1 vol
— Faillite du Matérialisme, par Pierre Courbet, 3 vol. *se vendant séparément :*
    I. — *Historique,*   1 vol
    II. — *Discussion ; l'atome et le mouvement.*   1 vol
    III. — *Discussion ; l'éther, les gaz, l'attraction. Conclusion. — Appendice.*   1 vol.
— Le Globe terrestre, par A. de Lapparent, Membre de l'Institut professeur à l'Ecole libre des Hautes Etudes, 3 vol. *se vendant séparément.*
    I. — *La Formation de l'écorce terrestre.*   1 vol
    II. — *La nature des mouvements de l'écorce terrestre.*   1 vol.
    III. — *La Destinée de la terre ferme et la Durée des temps.*   1 vol.
— De la Connaissance du Beau, *sa définition, application de cette définition aux beautés de la nature,* par l'abbé Gaborit, archiprêtre de la Cathédrale de Nantes.   1 vol
— Le Diable dans l'Hypnotisme, par le docteur Ch. Hélot.   1 vol
— De la Prospérité comparée des nations protestantes et de nations catholiques, *au point de vue économique, moral, social,* p le R. P. Flamérion, S. J.   1 vo
— L'Art et la Morale, par le P. Sertillanges, dominicain, docteu en théologie.   1 vol
— La Sorcellerie, par I. Bertrand.   1 vol
— Qu'est-ce que l'Ecriture sainte ? *Les Livres inspirés dans l'antiquité chrétienne ; Théorie de l'inspiration,* p. le P. Th. Calmes, 1 vo
— Les Morts reviennent-ils ? par I. Bertrand.   1 v

(Demander la liste complète *des volumes* Science et Religion *parus à ce jour).*

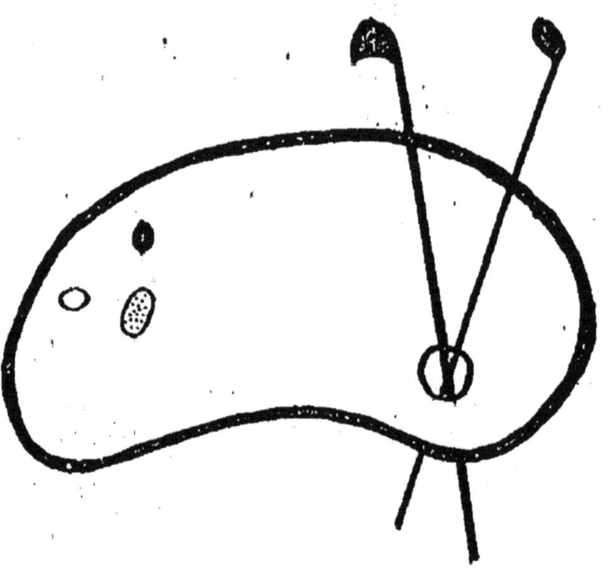

FIN D'UNE SÉRIE DE DOCUMENTS
EN COULEUR

L'IMMACULÉE CONCEPTION

L'IMMACULÉE CONCEPTION

Courte Histoire d'un Dogme

DEUXIÈME PARTIE : **L'OCCIDENT**

PAR LE

R. P. Xavier-Marie LE BACHELET S. J.

PARIS

LIBRAIRIE BLOUD & Cⁱᵉ

4, RUE MADAME ET RUE DE RENNES, 59

1903

L'IMMACULÉE CONCEPTION

Courte Histoire d'un Dogme

DEUXIÈME PARTIE

La croyance à la Conception Immaculée de Marie en Occident.

—

CHAPITRE PREMIER

LES DIX PREMIERS SIÈCLES,
CROYANCE À LA SAINTETÉ PARFAITE DE MARIE.

De l'Orient nous passons à l'Occident, pour y suivre l'histoire du dogme de l'Immaculée Conception. Les adversaires sont toujours les mêmes, mais leur assurance croît, quand ils appliquent à l'Église latine les lignes suivantes : « Jusqu'au XIIᵉ siècle, nous voyons l'Église *en possession* paisible de la foi à l'universalité du péché originel, ce qui ne doit pas surprendre, si l'on considère qu'une telle prérogative, en même temps qu'elle tendait à effacer la différence spécifique du Sauveur avec le reste des hommes, était essentiellement incompatible avec l'idée qu'on se faisait de la transmission héréditaire du péché d'Adam... Au XIIᵉ siècle, la question de l'Immaculée Conception est posée par l'institution de la fête de la Conception de Marie ; elle est aussitôt, et jusqu'au xive siècle, résolue par tous les docteurs dans le sens négatif... C'est au commencement du xive siècle que la doctrine de l'Immaculée Conception fut pour la première fois enseignée. Le franciscain Duns Scot, le *Docteur subtil*, l'adversaire constant de saint Thomas, est le véritable père du dogme décrété en 1854 (1). »

Si l'on s'était contenté de dire que la croyance à la conception sans tache de Marie ne se manifeste pas dans l'antique Église latine sous une forme explicite, on aurait énoncé un fait réel, mais ne prouvant qu'une chose, l'absence, sur le point en question, soit d'une révélation explicite, soit d'une tradition formelle primitive en Occident. La vérité pouvant, néanmoins, se trouver implicitement contenue dans le dépôt de la révélation, rien n'empêche que, sous l'action des circonstances et la conduite de l'Esprit Saint, la proposition ne s'en fasse à un moment donné. Dans cette hypothèse, le plein jour n'aura pas lieu tout d'abord, l'hésitation et la controverse seront possibles ; mais l'Église, gardienne et interprète du dépôt sacré, sera là pour surveiller, examiner et juger en dernier ressort.

Cette remarque faite, et elle est assez importante pour que le lecteur s'en souvienne toujours, interrogeons le passé.

§ I. — *Marie nouvelle Eve et pleine de grâce.*

Pendant les cinq premiers siècles, Marie se présente à nous en Occident sous le même aspect qu'en Orient ; c'est la nouvelle Eve, pleine de grâce et toute sainte. Fait remarquable et dont l'importance a été

(1) *Grand Dictionnaire du* xixe *siècle*, art. CONCEPTION.

justement relevée par le cardinal Newman, dans sa *Lettre au D. Pusey* (1), le plus ancien des Pères latins, Tertullien connaît ce plan de revanche divine où la nouvelle Ève apparaît à côté du nouvel Adam : « Dieu, dit-il, a recouvré par une opération contraire son image et sa ressemblance dont le démon s'était emparé. En Ève encore vierge s'était insinuée la parole qui créa la mort ; c'est aussi dans une vierge que devait descendre le Verbe de Dieu qui créa la vie, afin que le même sexe qui avait été la cause de notre perte devînt l'instrument de notre salut. Ève avait cru le serpent, Marie crut Gabriel ; la faute commise par la crédulité de l'une, l'autre l'a effacée par sa foi (2). »

Ainsi, pour Tertullien en Afrique, comme pour saint Justin en Palestine, comme pour saint Irénée en Asie Mineure et dans les Gaules, comme pour saint Ephrem en Syrie, la Vierge Marie entre dans l'œuvre de la rédemption, au titre de nouvelle Ève. De là, ces paroles de saint Zénon, évêque de Vérone au ive siècle : « Vous avez renouvelé Ève en Marie, et Adam dans le Christ (3) ». De là encore, cette affirmation passée à l'état d'axiome au temps de saint Augustin : La mort par Ève, la vie par Marie. « Il fallait, dit ce grand docteur, que le diable souffrît de sa défaite par les deux sexes, comme il avait joui de son triomphe sur les deux ; ce n'aurait pas été assez pour son châtiment que les deux sexes fussent délivrés, si les deux n'avaient point contribué à cette délivrance (4). »

Pensée remarquable, qui donne au plan de revanche divine toute sa signification. Dieu a voulu qu'au groupe des vaincus de Satan, Adam et Ève, se substituât un nouveau groupe, composé aussi d'un homme et d'une femme, le Christ rédempteur et sa Mère bénie. Ce groupe est celui des vainqueurs. Marie nous apparaît donc, dans l'œuvre de la répara-

(1) *Certain Difficulties felt by Anglicans in catholic teaching* ; en français, *Du culte de la Sainte Vierge dans l'Église catholique.*
(2) *De carne Christi,* c. xvii, P. L., t. II, col. 782.
(3) *De fide, spe et caritate,* § IX, P. L., t. XI, col. 278.
(4) *De agone christiano,* c. xxii, n° 24, P. L., t. XL, col. 203.

tion, étroitement et indissolublement unie à son divin Fils. L'expression de cette croyance se retrouve dans cette traduction du Protévangile, empruntée par notre Vulgate à l'ancienne version italique et appliquée à la Vierge Marie : *Elle t'écrasera la tête, Ipsa conteret caput tuum.* Ce n'est pas que la traduction soit littérale, car le texte primitif porte *ipsum*, se rapportant au nom neutre qui, dans l'hébreu, signifie la race de la femme ; mais cette traduction témoigne au moins du rapport, littéral ou typique, que l'antique Église latine a vu entre la Vierge Marie et la femme du Protévangile, et surtout de l'union étroite qu'elle a reconnue entre le Rédempteur et sa Mère dans l'écrasement du serpent (1). La peinture et la sculpture, comme la poésie, ont rendu la même idée ; Marie nous apparaît dès lors tenant entre ses bras son divin Fils et foulant le serpent sous son talon virginal. De retour de Rome, en 470, saint Pulchronius, évêque de Verdun, fait bâtir une nouvelle église en l'honneur de Notre-Dame et sculpter une image qui la représente tenant sous ses pieds le serpent (2). Au début du même siècle, un poème de Prudence contient cette strophe, allusion frappante au rôle de la nouvelle Ève : « C'est à cause de cette vieille haine, de cette irréconciliable discorde du serpent et de l'homme, que la vipère est maintenant écrasée sous les pieds d'une femme. Car la Vierge, qui mérita de donner le jour à Dieu même, à vaincu tous les poisons ; et le serpent aux replis tortueux vomit lentement sur l'herbe verdoyante son virus impuissant (3). »

Et quelle est la portée de cette union étroite de la Mère et du Fils dans l'œuvre de la réparation et la défaite du serpent ? Le rôle de Marie s'est-il borné à nous donner Jésus qui, seul, aurait été le vainqueur et l'ennemi irréductible de Satan ? Non ; les

---

(1) Voir le P. de HUMMELAUER, *Comment, in Genesim*, p. 159, 166, Paris, 1895.

(2) *Acta sanctorum, Februar.*, t. III, p. 12, 13, Anvers, 1658.

(3) *Hymn, III, Ante cibum*, v. 140 ss., P. L., t. XLIV, col. 806.

Pères latins comme ceux de l'Eglise orientale vont plus loin : Marie, nouvelle Eve, restera toujours victorieuse du serpent, par son Fils sans doute, mais aussi avec son Fils. C'est par là que, pour les Pères d'Occident comme pour ceux d'Orient, l'idée de Marie pleine de grâce et toute sainte se rattache à celle de Marie nouvelle Eve.

Aux pélagiens qui, pour déprécier la grâce du Sauveur, attribuaient aux saints une *impeccance* absolue, l'évêque d'Hippone disait énergiquement : « Si nous pouvions réunir tous les saints et toutes les saintes qui ont vécu dans ce monde et leur demander s'ils ont été sans péché, que pensez-vous qu'ils répondraient ? Tous s'écrieraient d'une seule voix : « Si nous disons que nous sommes sans péché, nous nous trompons nous-mêmes et la vérité n'est pas en nous. » Mais la phrase commençait ainsi : *Excepté cette Vierge...* c'est-à-dire « la Sainte Vierge Marie dont je n'admets point qu'il puisse être question quand on parle de péché, et cela pour l'honneur du Seigneur ; car, ayant mérité de concevoir et d'enfanter Celui qui manifestement est sans péché, elle a reçu, on le sait, la grâce en surabondance pour vaincre le péché sous tout rapport, *ad vincendum omni ex parte peccatum* (1) ». Ainsi, pleine victoire sur le péché, tel le privilège unique de la Mère du Sauveur. C'est, il est vrai, à propos des péchés actuels, des péchés commis personnellement par les justes, que saint Augustin parle ainsi ; mais son affirmation relativement à la sainteté de Marie est absolue, et la raison dont il l'appuie n'a pas moins de valeur en ce qui concerne le péché originel qu'en ce qui concerne les autres péchés.

Dans une autre circonstance, un disciple de Pélage, Julien d'Eclane, ne craignit pas de se faire de la croyance commune à la sainteté parfaite de la Vierge une arme contre l'existence de la tache héréditaire : il accusait le grand défenseur de la doctrine catholique de renchérir par là sur Jovinien : « Celui-ci, disait-il, a sacrifié la virginité de Marie en la sou-

___

(1) *De natura et gratia*, c. xxxvi, P. L., t. XLIV, col. 267.

mettant à l'ordinaire condition de l'enfantement humain, *partus conditione* ; pour vous, c'est Marie elle même que vous livrez au démon par la condition où vous la faites naître, *conditione nascendi.* » Il est clair que, par la naissance, Julien entend ici celle qui est le point de départ du péché originel, c'est-à-dire la première naissance ou la conception. Que répond saint Augustin ? « Non, nous ne livrons pas Marie au démon par la condition où elle naît, car cette condition est abrogée pour elle par la grâce de la renaissance (1) ». Là encore, comme pour l'immunité des fautes actuelles, il y a donc exception et privilège en faveur de la Mère du Sauveur ; elle échappe à la loi commune, qui fait tomber sous le pouvoir du démon tout homme qui naît d'Adam.

En proclamant la sainteté parfaite de Marie, saint Augustin ne sortait pas de l'enseignement des Pères plus anciens. Dans un fragment sur les psaumes, saint Hippolyte de Rome († 235) voit dans l'arche d'alliance la figure prophétique de l'humanité de Jésus-Christ ; l'impeccabilité de cette sainte humanité est signifiée par l'incorruptibilité du bois dont l'arche était faite. Venant ensuite à l'application, il ajoute : « Le Seigneur était sans péché, et formé quant à l'humanité d'un bois incorruptible, c'est-à-dire de la Vierge et du Saint-Esprit (2). » Parler ainsi, après avoir dit que l'exemption du péché est symbolisée par l'incorruptibilité du bois dont l'arche était faite, c'est affirmer, sans réserve aucune, l'exemption du péché en Marie. Plus tard, saint Ambroise, personnifiant la nature humaine déchue, lui fait adresser cette prière au Verbe éternel : « Venez donc chercher votre brebis égarée ; n'en-

---

(1) *Opus imperf. contra Julian.*, l. IV, c. cxxii, P. L., t. XLV, col 1418.

(2) *In Psalm.* XXII, P. G., t. X, col. 610. Le Dr Bardenhewer fait sur le texte de saint Hippolyte cette juste remarque : « Son témoignage sur l'absence de toute faute en Marie est remarquable, d'autant plus remarquable que, venant comme une simple observation incidente, il exprime plus naïvement la foi de l'époque. » *Les Pères de l'Église,* t. I, p. 227, édit. française, Paris, 1899.

voyez pas vos serviteurs ni des mercenaires, venez vous-même. Prenez-moi dans la chair qui est tombée en Adam ; prenez-moi, non pas de Sara, mais de Marie, afin qu'elle soit une Vierge sans corruption, une Vierge exempte, par la grâce, de toute tache du péché (1). » En d'autres termes, la nature humaine demande au Verbe de s'unir à elle, mais par l'entremise de la femme bénie qui, par sa parfaite virginité et sa parfaite sainteté, sera digne de devenir la Mère de Dieu.

Qu'oppose-t-on à cette doctrine générale des anciens Pères latins sur l'innocence sans tache de la nouvelle Ève ? La doctrine non moins générale de ces mêmes Pères sur l'universalité du péché originel. Tertullien, saint Ambroise, surtout saint Augustin, et d'autres après lui, ne disent-ils pas constamment que le Christ seul est né sans péché, et que la chair de la Vierge fut une chair de péché ? « Celui-là seul est sans péché qui a été conçu sans les embrassements de l'homme, non dans la concupiscence de la chair, mais par une vierge, dans l'obéissance de l'esprit... Celui-là seul qui fut à la fois Dieu et homme, n'eut jamais de péché et ne prit point la chair de péché, quoiqu'il ait pris de sa mère une chair qui, chez elle, était chair de péché (2). »

Qui prouve trop ne prouve rien. Les Pères appliquent à Marie l'expression *chair de péché*, non pas seulement au moment de sa conception par saint Joachim et sainte Anne, mais à l'époque même de l'Annonciation, quand elle devient mère du Rédempteur. Peut-il être question alors du péché originel ou d'un péché quelconque ? Aussi, l'expression a une tout autre signification dans la pensée de ces Pères ; elle implique un rapport essentiel à la manière différente dont la Mère et le Fils furent conçus. Après le péché d'Adam, la génération humaine est

____

(1) *Exposit. in Psalm.* CXVIII, *serm.* XXII, n° 30, P. L., t. XV. col. 152.

(2) S. AUGUSTIN, *De peccatorum meritis et remissione,* l. I, c. xxix, n. 57 ; l. II, c. xxiv, n. 38, P. L., t. XLIV, col. 142, 174.

soumise à la loi de la concupiscence ou loi du péché ;
Marie, engendrée dans les conditions ordinaires par
l'union de l'homme et de la femme, était, de ce
chef, soumise dans sa chair à la même loi ; elle re-
cevait de ses parents une chair de péché. Autre fut
l'enfantement du Sauveur ; Marie l'a conçu virgina-
lement, par l'opération du Saint-Esprit et non de
l'homme ; il reçoit une chair semblable, en ses qualités, à notre chair de péché, mais non pas elle-
même chair de péché.

Telle est aussi la pensée des Pères, quand ils
disent que le Christ seul est né sans péché ; ils ont
en vue le mode de la génération humaine qui est
propre aux fils d'Adam déchu. Ils veulent affirmer et
prouver que, même à ne regarder que sa conception, le Christ ne pouvait pas contracter le péché
d'origine ; car la génération qui transmet le péché
originel, c'est la génération humaine soumise à la
loi de la concupiscence et appelée par saint Augustin péché, au même sens que la concupiscence.
Dans la conception du Christ, tout est pur, saint et
béni : le fruit, comme l'acte virginal qui fait de
Marie la Mère du Verbe incarné. Dans la conception
de Marie, il n'en est pas de même ; l'acte générateur
reste soumis à la loi commune de la concupiscence,
et si le fruit ou le terme de cet acte est pur, saint et
béni, ce n'est pas en vertu de l'origine humaine de
Marie, mais en vertu d'un acte sanctificateur, excep-
tionnellement privilégié, qui a pour terme direct
l'âme de la Vierge, créée par Dieu et en même temps
sanctifiée.

Si saint Augustin affirme d'une façon absolue
l'universalité du péché originel, il n'affirme pas
d'une façon moins absolue l'universalité du péché
actuel dans les fils d'Adam : « Il n'y a personne en
dehors du Christ qui, en croissant en âge, n'ait
commis le péché, parce qu'il n'y a personne en
dehors de Lui qui, au début de sa vie, n'ait été
soumis à la loi du péché (1). » Et pourtant, nous

____

(1) *Contra Julianum*, l. **V**, c. **xv**, n. 57, P. L., t. XLIV,
col. 815.

avons entendu le grand adversaire des pélagiens excepter formellement la Vierge Marie, au moins en ce qui concerne le péché actuel. L'universalité de la loi n'exclut donc pas, dans sa pensée, l'exception en faveur de la Mère du Rédempteur ; exception unique qui, pour ainsi dire, ne compte pas, parce que, dans l'œuvre de notre réparation, le second Adam et la seconde Eve ne font qu'une personne morale, comme le premier Adam et la première Eve n'en firent qu'une dans l'œuvre de notre perdition. De plus, le saint docteur établit ici une connexion rigoureuse entre l'immunité parfaite à l'égard des péchés actuels et l'immunité à l'égard du péché originel ; si donc, par ailleurs, il attribue formellement à Marie la première immunité, la seconde doit l'accompagner ou plutôt la précéder.

Nous sommes ainsi ramenés à une idée importante, déjà signalée à propos des Pères orientaux. Marie, dira-t-on, aurait pu être exempte de toute faute *actuelle*, elle aurait pu être la mère de tous les croyants, ou la nouvelle Eve, bien que conçue dans le péché. — Oui, si vous prenez ces titres de nouvelle Eve et de Mère des croyants d'une façon théorique et abstraite ; non, si vous les prenez d'une façon objective et concrète, tels qu'ils se trouvent dans la doctrine patristique, car ils nous apparaissent alors intimement liés à la pleine victoire de Marie sur le démon et à sa sainteté parfaite, dont la conception sans tache n'est qu'une application particulière (1).

(1) Je ne prétends pas donner à cette interprétation de la doctrine patristique une force péremptoire en dehors du développement ultérieur de la question, ni surtout en dehors de l'application authentique du magistère vivant de l'Eglise. Mais j'insiste sur l'idée, parce que je la crois vraie, et que je l'estime féconde en droit et en fait. Cf. Newman, ouv. cité ; parmi les théologiens anglicans, F. G. Lee, *The sinless Conception of the mother of God*, p. 82 ss, et Spencer Jones, *England and the Holy See. An Essay towards Reunion*, p. 308, Londres, 1902.

§ II. — *L'aube de la croyance explicite.*

Si, dans les premiers âges de l'Eglise, le culte de Marie se présente à nous sous les mêmes traits généraux en Orient et en Occident, il n'en est plus ainsi à partir du milieu du vᵉ siècle. Après cette époque, la croyance à la conception sans tache prit dans les églises orientales un essor rapide ; en Occident, la croyance à la sainteté parfaite de la Vierge resta longtemps encore dans un état presque stationnaire. Le fait s'explique par les circonstances diverses qui influèrent sur le développement du dogme dans les deux Eglises. En défendant la maternité divine de Marie, le concile d'Ephèse avait fixé l'attention des docteurs orientaux sur les grandeurs et les privilèges de la Mère de Dieu. En Occident, la lutte contre l'hérésie pélagienne fit mettre en relief l'existence et l'universalité du péché originel, et non pas l'exception unique dont il pût être question. En même temps, l'état de bouleversement que les grandes invasions amenèrent dans les pays latins et la nécessité où se trouvèrent les évêques de faire l'éducation chrétienne et morale de tant de peuples nouveaux qui entraient dans le giron de l'Eglise, eurent pour effet de faire porter immédiatement l'attention et l'enseignement sur les points de doctrine les plus substantiels.

Cependant la double idée de Marie nouvelle Eve et de Marie pleine de grâce ou toute sainte reste et se développe même chez beaucoup d'auteurs. On aime toujours à opposer la seconde Eve à la première ; tel un poète chrétien du vᵉ siècle, Sedulius, dans cette strophe gracieuse où sa pensée semble bien atteindre Marie dans son origine première ; « Comme une tendre rose surgit du milieu des épines aiguës, *n'ayant rien qui blesse* et éclipsant par sa gloire la tige qui l'a portée, ainsi Marie, née de la race d'Ève, efface, Vierge nouvelle, le crime de la Vierge antique (1). » Quelle haute idée de la sainteté et de la pureté de Notre-Dame, non moins que de son rôle dans l'œuvre de la réparation, respire cette belle prière, contenue dans un livre manuscrit dont se servait, en 760, Ethelwald, évêque de Sherbourne en Angleterre : « Sainte Mère de Dieu, toujours Vierge, bienheureuse, bénie, glorieuse et noble, intacte et sans tache, chaste et sans souillure, Marie immaculée, choisie par Dieu et l'objet de ses prédilections, ornée d'une sainteté unique et digne de toute louange, ô vous l'avocate du monde en péril, exaucez, exaucez, exaucez-nous, sainte Marie, etc. (2). » Et quelle affirmation de la plénitude de grâce reçue par la Mère du Sauveur non pas seulement au jour de l'Annonciation, mais auparavant, dans une homélie de Paul Winfrid, diacre d'Aquilée, à la fin du viiie siècle : « Elle a été saluée par un ange de cette manière absolument inusitée jusqu'alors : *Je vous salue, pleine de grâce ; le Seigneur est avec vous.* Que pourrait-il, je le demande, manquer en fait de justice et de sainteté, à la Vierge qui, par une miséricorde si efficace, a reçu la plénitude de la grâce ? Comment le moindre vice aurait-il pu jamais trouver accès dans son âme et dans son corps, puisqu'elle fut, nouveau ciel, le temple du Seigneur qui contient tout ? C'est vraiment la demeure dont Salomon a dit... *La Sagesse s'est construit un palais...* Palais que l'éternelle Sagesse s'est, en effet, construit, et qu'il a rendu tout à fait digne de recevoir le Verbe incarné pour le salut du monde (3). »

On trouve même, dès le milieu du ve siècle, des expressions qui s'approchent beaucoup de la croyance

(1) *Carmen paschale*, l. II, v. 28 ss., P. L., t. XIX, col. 595-96.

(2) Le manuscrit, dit *Book of Cerne*, se conserve à la bibliothèque de l'Université de Cambridge, Ll. I. 10. Voir *Home and Foreign Review*, oct. 1862, p. 481 ; Rev. T. E. Bridgett, C. SS. R., *Our Lady's Dowry, how England gained that title*, Ire part., ch. i, 4e édit., Londres.

(3) *Homil. in Assumptione*, P. L., t. XCV, col. 1567.

explicite en la sainte conception de Marie, s'ils ne la contiennent pas déjà. Que peut signifier saint Pierre Chrysologue, quand il nous montre Marie « fiancée à Jésus-Christ dans le sein de sa mère et lorsqu'elle commença d'être, *quam fieret* (1) », ou saint Maxime de Turin, quand il fait d'elle « une demeure digne du Christ, non par la disposition du corps, mais par la grâce originelle, *pro gratia originali* (2) ? »

Mais l'aube de la croyance explicite apparaît surtout avec l'auteur de l'opuscule *De partu Virginis*, attribué quelquefois à saint Ildephonse, mais plus communément à saint Paschase Radbert, abbé de Saint-Pierre de Corbie, au diocèse d'Amiens, vers le milieu du ixe siècle. Partant du fait que la naissance de Marie est solennisée partout, l'auteur conclut d'abord que Marie était sans péché au moment de sa naissance ; mais il va plus loin, et dit que « santifiée dans le sein de sa mère, elle n'a pas contracté le péché originel ». On peut donc, conclut-il, appeler saint et vénérer pieusement « le jour où commença l'heureuse naissance de Marie (3) ». Qu'entendait-on alors par le commencement de la naissance, si ce n'est la conception même, dite naissance au sein maternel, *nativitas in utero* ? Il est donc impossible de ne pas voir dans ce passage un témoignage formel en faveur de la conception sainte de la Vierge ; impossible aussi de ne pas y voir un acheminement vers une fête de la Conception, distincte de la fête de la Nativité.

Rapprochons du témoignage précédent le langage de saint Fulbert, évêque de Chartres, au commencement du xie siècle. Dans un sermon sur la naissance de la bienheureuse Vierge, il s'écrie : « O bienheureux cet enfantement et cette naissance, puisqu'ils donnent à la terre la Vierge qui doit effacer l'antique offense de nos premiers parents, et redresser le monde courbé sous le joug du plus impitoyable

<hr>

(1) *Serm.* CXL. *De Annuntiatione*, P. L., t. LII, col. 570.
(2) *Homil.* V, *ante Natale Domini*, P. L., t. LVII, col. 255.
(3) Migne, P. L., t. CXX, col. 1371 ; t. XCVI, col. 211.

ennemi ! Enfantement dont toute la raison d'être est de préparer une demeure sainte et pure au Fils du Très Haut. Car à quelle autre fin pourrait-il être destiné ?... Sans aucun doute, dans la conception nécessaire de cette Vierge, l'Esprit de vie et d'amour remplit ses parents d'une grâce particulière, et la garde des saints anges ne leur fit jamais défaut... O qu'elle fut active, dès le commencement de cette conception, la sollicitude de ces esprits célestes à l'égard de personnes aussi chères à Dieu, et leur vigilance à l'égard d'un enfant de si haute destinée ! Est-il possible de croire que l'Esprit-Saint ait été jamais absent de cette Vierge admirable, qu'il devait un jour couvrir de son ombre (1) ? » Ce passage n'a pas besoin de commentaire ; suivant l'idée que nous avons rencontrée si fréquemment chez les orientaux, l'évêque de Chartres voit dans la conception de Marie la première préparation de la future Mère du Verbe incarné ; aussi, dans sa pensée comme dans l'objet du culte, il unit la double naissance de Marie, celle qui se fait à la vie du monde extérieur au jour de l'enfantement, et celle qui se fait dans le sein de sainte Anne au jour de la conception. Il n'y a plus qu'un pas à faire pour parvenir à la fête de la Conception de Marie ; dédoubler l'objet du culte, en fêtant à part chacune de ces deux naissances comme on l'avait fait en Orient. C'est ce que l'histoire va nous faire constater, au siècle même de saint Fulbert.

(1) *Orat.* VI. *De ortu B. V.*, P. L., t. CXLI, col. 320.

CHAPITRE II

LA FÊTE DE LA CONCEPTION EN OCCIDENT, ET LA GRANDE CONTROVERSE

§ I. — *Origine de la fête en Occident.*

A quelle époque remonte la fête de la Conception de Marie en Occident ? La question, sans être pleinement résolue, a fait ces derniers temps de grands progrès. Une vie de saint Ildephonse, archevêque de Tolède au viie siècle, lui attribue l'honneur d'avoir institué la fête ; mais cette attribution ne paraît reposer que sur des pièces apocryphes ou mal interprétées (1). L'église de Naples nous fournit un premier document certain dans un calendrier du ixe siècle, gravé sur marbre, qui fut édité par Mazzocchi en 1744 ; il porte, à la date du 9 décembre, cette inscription : *La Conception de la Sainte Vierge Marie*. Mais, à Naples comme en Sicile, la fête était évidemment de provenance orientale. Tout l'intérêt se concentre sur les autres pays d'Occident.

(1) A. BALLERINI, S. J., *Quæstio an sanctus Hildefonsus episcopus toletanus conceptæ Virginis festum in Hispaniis instituerit*, in-8°, 86 p., Rome, 1856. Voir aussi *Sylloge monumentorum*, du même auteur.

On rapporte assez communément au temps de
saint Anselme, ou à la seconde moitié du XIe siècle,
l'établissement de la fête de la Conception dans les
pays de l'Europe septentrionale ; beaucoup d'auteurs
assignent même pour point de départ une célèbre
vision dont un abbé de Ramsay, Helsin, aurait été
favorisé, vers l'an 1070. Au retour d'une mission auprès du roi de Danemark, dont Guillaume le Conquérant l'avait chargé, Elsin fut surpris par une vio-
lente tempête. Sur le point de périr, il invoque
Marie ; un messager céleste vient à son secours, mais,
pour prix de sa protection, il lui fait promettre de
célébrer et de faire célébrer chaque année, le 8 décembre, la fête de la Conception. Echappé au péril,
l'abbé accomplit sa promesse en ce qui concernait
son monastère de Ramsay (1). « De son côté, Guillaume
le Conquérant, frappé du récit que lui fit l'abbé
Helsin, convoqua tous les évêques d'Angleterre et de
Normandie, pour qu'ils eussent à délibérer sur cette
importante affaire. Les évêques réglèrent que la fête
de la Conception serait célébrée dans tous les Etats
anglo-normands. Telle fut la véritable origine de
cette fête en Occident. Elle passa de Normandie en
France et de là dans les autres Etats de l'Europe...
Dès l'an 1072, deux ans seulement après la célèbre
apparition, Jean de Bayeux, archevêque de Rouen,
établissait dans l'église de Saint-Jean une confrérie
sous le titre de l'Immaculée Conception (2). »
     Mais toutes ces assertions demanderaient une

(1) Ce récit se trouve dans deux pièces faussement
attribuées à saint Anselme : *Sermo de Conceptione Beatæ Mariæ* ; *Miraculum de Conceptione Sanctæ Mariæ*,
P. L., t. CLIX, col. 319, 323. Vers le milieu du XIIe siècle,
le poète anglo-normand Robert Wace rima la vision
d'Helsin, en disant pour titre à son poème : *C'est comment la Conception Nostre-Dame fu establie*, éd. Muncel
et Trébutien, Caen, 1842.
     (2) *Revue catholique de Normandie*, Ve année, p. 361,
367 ; deux articles dans les livraisons du 15 sept. 1895 et
du 15 janvier 1896, sous ce titre : *La Fête de l'Immaculée Conception dite « Fête aux Normands »*, d'après les
quatre bréviaires manuscrits de Constances conservés à la
Bibliothèque de Valognes.

preuve qui n'a pas encore été faite. Après avoir soumis à la critique les pièces alléguées, un historien rouennais a dû conclure : « Aucun document du xi° siècle ne nous a offert de trace du culte de la Conception en Normandie. Seuls, les manuscrits du xiii° et du xii° en font mention (1). » La vision même d'Helsin n'est pas à l'abri du soupçon, surtout en ce qui se rapporte à l'établissement de la fête de la Conception de Marie ; car des études récentes (2) ont prouvé, sur la foi des monuments liturgiques, l'existence de cette fête dans l'Eglise anglo-saxonne avant l'invasion normande de 1066. Deux calendriers liturgiques, composés l'un et l'autre avant le milieu du xi° siècle et provenant des monastères de Winchester, Old Minster et Newminster, contiennent au 8 décembre cette inscription, écrite de première main : *La Conception de la sainte Mère Marie.* Un pontifical et bénédictionnaire du même siècle, appartenant à l'église cathédrale d'Exeter et qu'on estime composé pour l'évêque Léofric (1046-1072), présente une formule de bénédiction épiscopale pour la Conception de Notre-Dame ; *Benedictio in Conceptione sancte Mariæ.* Même cas pour un pontifical et bénédictionnaire de l'église primatiale de Cantorbéry, composé au xi° siècle entre 1023 et 1050 ; on y trouve aussi une formule de bénédiction *in die Conceptionis sancte Dei genitricis Mariæ.* Comme les deux derniers documents ne paraissent pas indépendants des premiers, il est probable que l'établissement de la fête

(1) *Les origines de la fête de la Conception dans le diocése de Rouen et en Angleterre,* article de M. l'abbé Vacandard dans la *Revue des Questions historiques,* t. LXI, 1er janvier 1897.

(2) Edm. Bishop, *Origins of the feast of the Conception of the B. V. M.,* dans *The Downside Review,* avril 1886 ; P. Boniface Wolff, de Maredsous, *Abt Anselm und das Fest des 8 December,* et *Noch einmal das Fest des 8 December,* dans *Studien und Mittheilungen aus dem Benedictiner-und dem Cistercienser-Orden* VI° année (1885) ; t. I, p. 21 ss. ; VII° année (1886), t. II, p. 108 ss. ; l'abbé Vacandard, *Saint Bernard et la fête de la Conception de la sainte Vierge,* dans *La Science Catholique,* 15 sept. 1893, t. VII, p. 897 ss.

remonte aux moines bénédictins de Winchester, disciples de saint Ethelwold (984), et peut-être au saint lui-même.

Loin de favoriser cette solennité, la conquête normande la mit plutôt en péril ; le calendrier anglosaxon fut aboli, et il arriva en Angleterre ce qui était arrivé dans le royaume de Naples et de Sicile dans les mêmes circonstances, la fête de la Conception subit en beaucoup d'endroits, notamment à Winchester et à Cantorbéry, une éclipse momentanée. Comment se fit la restauration, il est important de le dire ; car l'événement touche de près aux préludes de la grande controverse. Un concile de la province ecclésiastique de Cantorbéry, tenu à Saint-Paul de Londres en 1328, sous l'archevêque Simon Mepham, suppose la fête de la Conception instituée par saint Anselme. Assertion inadmissible en ce qui concerne le premier établissement de cette solennité en Angleterre ; elle pourrait tout au plus s'entendre d'une restauration. Mais là encore le doute existe, ou plutôt il semble qu'une légère confusion se soit produite ; le véritable restaurateur de la fête fut, non pas saint Anselme, mais quelqu'un qui le touche de de très près, son propre neveu et homonyme, l'abbé Anselme (1). Fils de Richera, la sœur du saint, le jeune Anselme fut consacré à Dieu et donné à son oncle, qu'il suivit en Angleterre ; la correspondance de l'archevêque témoigne souvent de son affection et de sa sollicitude pour cet autre lui même (2). L'historien et compagnon fidèle de saint Anselme, Eadmer, témoigne à son tour du grand mérite du neveu, en particulier de sa mansuétude, qui le fit aimer par les indigènes comme un vrai compatriote, *quasi unus corum diligebatur* (3).

Après la mort de son oncle, en 1109, Anselme le

<hr>

(1) *Osbert de Clare et l'abbé Anselme instituteurs de la fête de l'Immaculée Conception de la sainte Vierge dans l'Église latine*, par le P. Victor de Buck, S. J., dans *Études de Théologie*, 1860 ; article à compléter par les études déjà citées d'Ed. Bishop et du P. Boniface Wolff.

(2) Par exemple, l. III, lettres XLIII, LXVII, LXXVII, CXIV. P. L., t. CLIX, col. 76, 105, 115, 261.

(3) *Historia novorum*, l. V, P. L., t. CLIX, col. 492.

jeune, à peine âgé de vingt ans, demeura quelque temps parmi les moines de Cantorbéry, puis il fut appelé à Rome et créé par le pape Pascal III abbé de Saint Sabas, antique monastère qui avait précédemment appartenu à des moines grecs, ceux-là mêmes qui reconnaissaient pour père l'auteur de ce célèbre *Typicon* ou Rituel, où de temps immémorial se trouvait consignée la fête de la Conception. Quelques années après, l'abbé Anselme fut envoyé comme légat du pape auprès du nouvel archevêque de Cantorbéry, Radulphe, et du roi Henri Ier. En cette qualité, il passa trois ou quatre ans soit en Angleterre, soit en Normandie, à Rouen surtout. Sa légation terminée, il devint, en 1120, abbé de l'ancien et célèbre monastère de Saint-Edmond, Edmundsbury, dans le comté de Suffolk. C'est alors qu'il se fit le promoteur de la fête de la Conception parmi les anglo-normands ; on lit, en effet, dans le Cartulaire manuscrit de l'abbaye de Saint-Edmond : « Ce fut cet Anselme qui établit chez nous deux solennités, en premier lieu la Conception de sainte Marie qui, grâce à lui, se célèbre maintenant dans beaucoup d'églises, *quæ jam in multis ecclesiis per ipsum celebriter observatur...* »

Une lettre, écrite au même Anselme, vers l'an 1128, par Osbert de Clare, alors prieur de Westminster à Londres, nous fournit des renseignements plus précis. Comme le Cartulaire d'Edmunsbury, Osbert constate que, grâce au dévouement de l'abbé Anselme, la fête de la Conception se célèbre en beaucoup d'endroits, *in multis locis celebratur ejus cestra sedulitate festa conceptio.* Puis, il parle d'attaques suscitées récemment contre cette fête par divers personnages, surtout deux évêques du nom de Roger et de Bernard ; dans un synode, ils ont crié à la nouveauté et demandé l'abolition de cette coutume. Le prieur de Westminster supplie enfin l'abbé de Saint-Edmond de poursuivre l'œuvre qu'il a commencée, et lui conseille de s'entendre avec le nouvel évêque de Londres, Gilbert l'Universel, et l'abbé de Reading, Hugues, qui, sur le désir même du roi Henri, célèbre la fête avec solennité (1).

(1) VIIIe lettre d'Osbert, dans *Epistolæ Herberti de Lo-*

L'opposition était sérieuse, car les évêques dont parle Osbert étaient Roger de Salisbury, ministre et conseiller très écouté du roi Henri, et Bernard de Saint-David, jadis chapelain de la reine Mathilde. L'abbé Anselme et ses amis triomphèrent pourtant pleinement, si l'on en croit les Annales de l'abbaye de Tewsbury ; elles portent à l'année 1129 : « La fête de la Conception de sainte Marie a été approuvée dans un concile de Londres par l'autorité apostolique. » Ces derniers mots font sans doute allusion à la présence au concile d'un légat du pape. En fait, à partir de cette époque, la fête se répand rapidement en Angleterre. Des documents en attestent l'existence, dans la première moitié du XIIᵉ siècle, au monastère de Saint-Alban, à Gloucester, Winchcombe et Worcester, sans compter les endroits déjà cités, Saint-Edmunsbury, Westminster et Reading. L'abbé de ce dernier monastère, Hugues d'Amiens, monta en 1130 sur le siège archiépiscopal de Rouen et serait, de l'avis de quelques-uns, le véritable introducteur de la fête de la Conception dans ce diocèse.

L'abbé de Saint-Edmond qui avait été l'âme de cette restauration liturgique, mourut le 11 janvier 1148. Y aurait-il eu, dans la suite, confusion entre les deux Anselme, l'oncle et le neveu ? Hypothèse plausible, qui s'applique non seulement à la fête dont il s'agit, mais au traité sur la Conception de Marie, souvent attribué à l'archevêque de Cantorbéry, mais rejeté par Dom Gerberon parmi les ouvrages apocryphes du docteur bénédictin (1). Il semble vraiment probable que ce docte et pieux traité est l'œuvre d'Anselme le jeune ; tout y cadre si bien avec les circonstances historiques qui viennent d'être rappelées, et particulièrement ce début : « Quand je veux chercher la source d'où le salut du monde a coulé, c'est la solennité d'aujourd'hui qui vient d'abord à ma pensée, cette solennité qu'en beaucoup d'endroits,

---

singa, primi episcopi Norwicensis, Osberti de Clara et Elmeri prioris Cantuariensis, éditées par Robert Austruther, in-8°, Bruxelles et Londres, 1846.

(1) *Tractatus de Conceptione B. M. V.*, P. L., t. CLIX, col. 301-318.

multis in locis, on célèbre en l'honneur de la Conception de la bienheureuse Mère de Dieu Marie. Autrefois déjà, elle était célébrée, mais plus ouvertement et par ceux-là surtout en qui s'alliait une pure simplicité avec une plus humble dévotion envers Dieu. Mais, depuis que l'amour de la science et la passion de l'examen se sont emparés de l'esprit de plusieurs, on a retranché cette solennité, au mépris de la simplicité des pauvres ou bien on l'a réduite presque à néant, sous prétexte qu'elle manquait de fondement sérieux. Et le sentiment de ces hommes a prévalu avec d'autant plus de facilité que ceux qui l'ont mis les premiers en avant étaient au-dessus des autres et par leurs dignités ecclésiastiques et par leurs richesses. »

Qu'on suppose ce passage écrit à la fin du xiie siècle ou au commencement du xiiie, il y aura certainement, comme on l'a remarqué, une part d'exagération dans cette boutade tombant sur saint Bernard et les savants de son époque ; mais qu'à la place du docteur cistercien on mette les évêques Roger de Salisbury et Bernard de Saint-David avec un parti puissant en face des défenseurs de la fête, qui alors sont presque tous des moines, gens *simples* aux yeux du monde ; qu'au lieu d'un auteur quelconque et de la fin du xiie siècle, on songe à l'abbé Anselme et au commencement du même siècle, l'exagération cesse, et tout le passage se comprend. De plus l'attribution de ce traité au primat de Cantorbéry devient chose facile ; la similitude de nom suffit à l'expliquer (1).

Mais quelle fut l'attitude du saint lui-même par rapport à la Conception de Marie ? La question reste obscure. Rien dans ses œuvres, ni dans celles de son historien Eadmer, ni dans les autres documents contemporains, n'autorise à lui attribuer l'institution de la fête. A-t-il tenu personnellement la croyance au glorieux privilège de Marie ? On a le droit d'en douter, mais il n'en a pas moins formulé, en des termes qui l'ont rendu classique, ce principe fécond :

____

(1) Dans la plupart des manuscrits le nom de l'auteur est simplement désigné par le mot *Anselmus* ou *D. Anselmus*.

« Il convenait qu'elle brillât d'une pureté sans égale au-dessous de Dieu, cette Vierge à qui Dieu le Père devait donner son Fils unique, ce Fils né de son cœur, égal à lui-même (1). » Et c'est précisément l'idée contenue dans ce principe qui fournit à l'auteur du traité *De la conception de la bienheureuse Vierge Marie* de très beaux développements et de puissantes raisons en faveur de la pieuse croyance qu'il défend.

Contentons-nous de tirer maintenant cette conclusion : non seulement à Naples et en Sicile, mais dans l'Europe septentrionale, la fête de la Conception de Marie a préexisté à la grande controverse du moyen âge. Non pas qu'elle fût alors universellement admise, mais elle existait en divers endroits et commençait à se répandre. Nous l'avons vu pour l'Angleterre chez les anglo-saxons d'abord, puis chez les anglo-normands. Osbert de Clare ajoutait, dans la lettre déjà citée, qu'en certaines églises du continent, des évêques et des abbés célébraient aussi le jour de la Conception. Des témoignages, qu'il est impossible de rapporter ici, justifient cette assertion (2).

(1) *De Conceptu virginali*, c. xviii, P. L., t. CLVIII, col. 451. Mais, dans le traité *Cur Deus homo*, l. II, c. xvi, *ibid.*, col. 416 ss., Anselme laisse passer, sans la relever nettement, l'assertion de son interlocuteur qui parle de la Vierge comme conçue dans le péché ; lui-même la dit purifiée dans le péché avant l'incarnation du Verbe. Seulement, s'agit-il bien, dans la pensée du saint docteur, d'une vraie purification de l'âme, qui consisterait à la faire passer de la mort spirituelle à la vie de la grâce ?

(2) Passaglia, n. 1611 ss. ; Mgr Malou, t. I, p. 117 ss. Les témoignages des xi° et xii° siècles, antérieurs à la controverse, se rapportent au diocèse de Crémone, à la Navarre, à la France, à la Belgique et à l'Allemagne ; mais tous n'ont pas la même valeur sous le rapport de l'authenticité.

§ II. — *Débuts de la grande controverse. Saint Bernard.*

Au moment où la fête de la Conception commençait à se répandre dans l'Église latine, une opposition éclatante se produisit et devint le point de départ d'une lutte plusieurs fois séculaire. Saint Anselme, exilé d'Angleterre, avait trouvé à plusieurs reprises un asile glorieux à Lyon ; l'archevêque Hugues s'était fait en quelque sorte son disciple et l'avait chargé d'exercer dans son diocèse les fonctions archiépiscopales, jusque-là même, dit un vieil auteur, qu'il en fit une ordonnance dans tout son ressort. Ce fut à cette époque, Eadmer nous l'apprend, que le saint composa son traité *De conceptu virginali*, où il a posé comme principe des grandeurs de Marie la phrase célèbre que nous connaissons déjà (1). Le culte de la Vierge était de tradition dans l'antique cité épiscopale de saint Irénée ; fut-ce sous l'influence immédiate de l'illustre exilé que ce culte prit un nouvel essor et se traduisit par l'établissement de la fête de la Conception ? On l'a dit souvent (2), mais les faits que nous avons signalés dans le paragraphe précédent laissent planer un doute sérieux sur cette affirmation. Plus douteuse encore, pour ne pas dire davantage, reste l'assertion que rapporte le chanoine J. B. Lamure dans la *Chronique de la très ancienne abbaye royale d'Ainay*, et suivant laquelle le pape Pascal II, consacrant la nouvelle basilique

(1) *Vita S. Anselmi*, l. II, c. v, n. 50, 51, P. L., t. CLVIII, col. 104, 107.

(2) *L'Église de Lyon et l'Immaculée Conception. Essai théologico-historique*, par l'abbé M. Bernard, p. 18 ss., Lyon, 1877.

d'Ainay, en 1106, y aurait en même temps béni un autel sous le vocable de la Conception Immaculée de Marie. Douteuse aussi la supposition faite par d'autres, que Gaucerand, d'abord abbé de Saint-Martin d'Ainay, puis archevêque de Lyon, en 1106, aurait été le véritable instigateur de la fête au chapitre de la cathédrale (1). Ne pourrait-on pas se demander si Anselme le Jeune, qui avait séjourné à Lyon avec son oncle, n'aurait pas, quand il y repassa plus tard, exercé dans cette ville son apostolat en faveur de Marie Immaculée et donné l'impulsion décisive qui aboutit à l'établissement de la fête ? Ainsi se vérifierait encore le titre de *præcentrix Conceptionis Immaculatæ*, attribué à l'église de Lyon par rapport aux autres églises des Gaules (2). Le fait certain, c'est l'existence de la fête au chapitre de Saint-Jean en 1140 au plus tard, peut-être même une dizaine d'années plus tôt (3).

L'exemple donné par l'église primatiale des Gaules pouvait avoir une influence prépondérante en ce pays. Alors on entendit la voix d'un saint dont l'amour pour Marie ne pouvait être mis en doute, du saint qui a trouvé dans son cœur de fils les plus chaleureux et les plus nobles accents pour exalter la sainteté et les grandeurs de cette Mère bénie. Après un magnifique éloge de l'église de Lyon, recommandable par la dignité de son siège, l'éminence de la science et la fécondité des saintes Institutions, la

(1) *Lyon et Marie*, par le chan. J. B. VANEL, dans le *Compte rendu du Congrès marial* tenu à Lyon les 5, 6, 7 et 8 septembre 1900, t. I, p. 340. L'auteur de la *Nouvelle Histoire de Lyon*, M. André STEYERT, estime que le chapitre de Lyon inaugura la fête de la Conception avant l'abbaye d'Ainay, t. II, p. 324.

(2) *Ad electam dominam S. Lugdunensem Ecclesiam, Conceptionis Immaculatæ in Gallia præcentricem*, dédicace de l'ouvrage du P. Théophile Raynaud qui a pour titre général : *Pietas Lugdunensis erga Beatam Virginem immaculate conceptam.*

(3) On fixe communément la lettre de saint Bernard à l'année 1139 ou 1440 ; M. l'abbé Vacandard soupçonne qu'elle fût plutôt écrite de 1128 à 1130. *Vie de saint Bernard*, in-8°, t. II c. xxi, p. 82, Paris, 1895.

rigueur de la discipline et la gravité des mœurs, la maturité dans les conseils et le poids de l'autorité, le respect du passé, surtout en ce qui touche aux offices sacrés ; après ce magnifique éloge, saint Bernard proteste contre la nouveauté, contre cette fête « étrangère au rit ecclésiastique, et manquant de fondement rationnel comme d'appui dans l'antique tradition, *quam ritus ecclesiæ nescit, non probat ratio, non commendat antiqua traditio.*

L'abbé de Clairvaux ne fait guère qu'énoncer l'attaque relative au manque de fondement liturgique et traditionnel ; il se borne à signaler, comme autorité invoquée par les défenseurs de la fête « un écrit relatant une prétendue vision céleste », sans doute la vision d'Helsin. Mais il développe sa pensée sur le terrain rationnel. Il reconnaît que Marie est née sainte, par suite elle a été sanctifiée avant sa naissance ; mais il n'admet pas qu'on puisse honorer sa conception, sous prétexte qu'elle a précédé la naissance ; à ce compte, il faudrait aussi honorer le père et la mère de Marie, et même tous ses aïeux. Au reste, d'où viendrait la sainteté de cette conception ?

Supposera-t-on que la Vierge fut en quelque sorte prévenue par la grâce, pour pouvoir être conçue dans la sainteté ? Mais il est évident qu'elle n'a pu être sainte avant d'exister, et elle n'existait pas avant d'être conçue. Prétendra-t-on qu'elle a été sanctifiée et conçue en même temps, la sainteté s'étant comme mêlée à la conception ? Mais ce n'est pas plus raisonnable. Comment y aurait-il sainteté sans l'Esprit sanctificateur ? et comment le Saint-Esprit serait-il où est le péché ? Or là se trouve le péché, où la concupiscence a eu sa part, *ubi libido non defuit.* Faudra-t-il dire, chose inouïe, que Marie a été conçue du Saint-Esprit, sans la coopération de l'homme ? « Si donc elle n'a pu être sanctifiée avant sa conception, puisqu'elle n'existait pas encore ; si elle n'a pu l'être dans sa conception même, puisque le péché s'y mêlait, il reste à croire qu'elle a reçu la grâce de la sanctification dans le sein de sa mère, après sa conception. C'est cette grâce qui, faisant disparaître le péché, a rendu sainte sa naissance, mais non pas sa conception. » En terminant sa lettre, le saint docteur remarque qu'avant d'agir, on aurait dû au moins consulter le siège apostolique ; c'est à ce tribunal qu'il remet l'examen de la question, se soumettant d'avance à son jugement (1).

Des défenseurs de l'Immaculée Conception ont tout mis en œuvre pour se débarrasser de l'objection créée par l'attitude de saint Bernard. On a nié l'authenticité de la lettre ; on a dit que l'abbé de Clairvaux n'attaquait pas la doctrine même, mais seulement l'illégitimité canonique de l'institution de la fête ; ou bien, on a reconnu qu'il avait réellement attaqué la doctrine, mais en supposant qu'il s'agissait de la conception active, tandis que la vraie doctrine se rapporte uniquement à la conception passive de la très sainte Vierge. Efforts infructueux ; la lettre est authentique (2). et ce que nous en avons vu suffit à montrer que le docteur cistercien s'attaque à la doctrine même. Il aurait dû faire cette distinction fondamentale entre la conception active, ou l'acte générateur des parents, et la conception passive, ou le terme de cet acte. Mais il ne l'a pas faite, et ses arguments sont tels qu'ils vont à rejeter la sainteté dans la conception passive, aussi bien que dans la conception active. Aussi faut-il reconnaître en saint Bernard un adversaire de l'Immaculée Conception ; son opposition à la fête et à la croyance qu'elle expliquait fut réellement le point de départ de la grande controverse.

La lettre du saint docteur n'eut cependant pas pour effet d'entraver la propagation de la fête ni de faire tomber la croyance. En 1154, Atton, prieur d'un monastère au diocèse de Bazas, décrète qu'on célébrera désormais la Conception de la bienheureuse Marie Mère de Dieu, « fête, dit-il, que le peuple chrétien célèbre maintenant en France presque universellement et avec la plus grande dévotion (3) ». La croyance allait de pair ; quelques années aupa-

(1) Lettre CLXXIV, P. L., t. CLXXXII, col. 332 336.
(2) Voir l'article cité de M. l'abbé Vacandard, dans la *Science Catholique*, notes 14 et 17, p. 900, 902.
(3) Martène, *De antiquis monachorum ritibus*, l. IV, c. II n. 16.

ravant, le B. Oger, abbé cistercien de Lucedi, au diocèse de Verceil, écrivait ces lignes : « Il n'est ni grand ni petit parmi les enfants des hommes, quelles que soient et la hauteur de la sainteté et la sublimité de sa grâce, qui n'ait été conçu dans le péché, à l'exception de la Mère de l'Immaculé, qui, loin de commettre le péché, efface les péchés du monde. Aussi, lorsqu'il s'agit de péché, je n'admets aucune controverse, aucune contestation au sujet de cette divine Mère (1). » Témoignages donnés à titre d'exemples, mais qu'il serait facile de confirmer par d'autres de la même époque.

Après la canonisation de saint Bernard, en 1163, il y eut une passe d'armes. Pierre de Celles, abbé de Saint-Rémy de Reims et plus tard évêque de Chartres, fut le principal champion du docteur cistercien. A l'opposé, brillèrent parmi les défenseurs de la fête ou de la croyance Pierre Comestor, chanoine de Troyes, et Nicolas, moine anglais de Saint-Alban. Ce qui nous reste de leurs écrits témoigne du développement que la controverse commençait à prendre. Comestor invoque le Protévangile et la salutation angélique ; il fait appel à quelques témoignages patristiques, en particulier au passage de saint Augustin relatif à l'absence du péché dans la Vierge Marie ; il y joint divers arguments d'ordre rationnel : « Il ne convenait pas que celle, par qui la nature devait être délivrée du péché, fût elle-même soumise au péché... Il ne convenait pas que le droit du péché s'exerçât jamais sur une chair qui venait combattre et vaincre le péché... Est-ce qu'on s'inquiète de la nouveauté ou du cours des années, quand une joie légitime survient (2) ? »

Entre Pierre de Celles et Nicolas de Saint-Alban, la controverse semble avoir moins porté sur la doctrine que sur la fête : « Vous glorifiez la Vierge, écrit l'abbé de Saint-Rémy ; et moi je la glorifie

____

(1) *Serm.* XIII, n. 1, P. L., t. CLXXXIV, col. 911. — Voir aussi diverses proses du moyen âge dans G. Dreves, *Liturgische Prosen des Mittelalters*, 2º série, n. 51 ; 3º série, n. 77, ss.

(2) Mgr Malou, t. II, p. 117, ss.

comme vous. Vous l'exaltez au-dessus des chœurs angéliques ; et je le fais aussi. Elle est, dites-vous, exempte de tout péché ; je l'affirme comme vous. Vous assurez qu'elle est Mère de Dieu, notre médiatrice auprès de Dieu ; je ne le confesse pas moins. Quelque tour que vous donniez à votre vénération, à vos respects, je suis avec vous, je pense comme vous. Mais, si dédaignant la monnaie courante et de bon aloi, vous en fabriquez une autre que n'a pas autorisée la chaire de Pierre..., je m'arrête et je me refuse à franchir imprudemment les bornes prescrites par l'Église. Je crois pourtant et je professe que Marie possède incomparablement plus de privilèges que nous n'en connaissons ; car telle est en elle l'élévation de la grâce et de la gloire que je ne peux y atteindre (1). »

On voit par ces passages quelle importance devait avoir dans le débat l'idée de sainteté parfaite qui, dans l'esprit des anciens et des fidèles eux-mêmes, s'attachait à la personne de Marie : « Est-ce que la sagesse et la force divine furent trop ignorantes ou impuissantes, pour se construire une demeure pure, exempte de toute tache ? » s'était déjà écrié l'auteur du traité sur la Conception de la bienheureuse Vierge Marie. Nicolas de Saint-Alban n'ignorait assurément pas la valeur de cette considération, quand il raconta cette histoire : « Un jour, au couvent de Clairvaux, un convers de grande piété vit apparaître durant son sommeil l'abbé Bernard, revêtu d'habits éclatants de blancheur, et portant une tache noire à la poitrine. Tout surpris, le religieux lui dit tristement : « Père, qu'est-ce que je vois ? une tache noire en vous ? » Et lui de répondre : « C'est parce que j'ai écrit sur la Conception de Notre-Dame des choses qu'il ne fallait pas écrire, que je porte ainsi une tache sur ma poitrine, comme signe de mon expiation, » L'histoire fit son chemin.

Il s'en faut pourtant de beaucoup que la manière

____

(1) Lettre CLXXIII, P. L., t. CCII, col. 632. On trouve dans le même volume une autre lettre de Pierre de Celles à Nicolas de Saint-Alban et l'unique réponse de ce dernier qui nous ait été conservée.

dont les champions de Marie présentèrent alors son glorieux privilége, soit irréprochable. On mêla souvent au point principal des détails accessoires ; telle, dans la controverse entre Pierre de Celles et Nicolas de Saint-Alban, la question de savoir en quel sens et jusqu'à quel point Marie fut exempte de la concupiscence et de la tentation. On ne distingua pas assez nettement la conception passive de la conception active ; plusieurs même semblaient les confondre en appliquant le terme de sanctification ou de préservation du péché non pas à l'âme seule, mais à la chair ou au corps de Marie (1). Une nouvelle période de discussion était nécessaire, pour dégager le sens exact du privilége et permettre ensuite de le justifier.

§ III. — Développement de la grande controverse au XIIIe siècle.

Les adversaires de l'Immaculée Conception n'ont pas manqué d'exploiter l'opposition faite à cette croyance par les grands docteurs de la Sorbonne au XIIIe siècle, Alexandre de Hales, Albert le Grand, saint Bonaventure, saint Thomas d'Aquin, pour n'en citer que quelques-uns. A l'opposé, on s'est demandé si la véritable pensée de ces théologiens n'aurait pas été méconnue, et comme saint Bernard, on a tenté de les interpréter. Si louables et si utiles même qu'aient été ces efforts, ils n'ont pas fait disparaître

(1) Pierre Comestor, entre autres, a de ces expressions. J'emprunte un autre exemple à l'oraison de la fête de la Conception dans le Missel d'Alnay, in-fol. gothique de 1531, conservé à la bibliothèque publique de la ville de Lyon : « Omnipotens et misericors Deus, qui corpus beatissimæ Virginis Mariæ sanctum esse præordinasti ; et ab omni peccati immunditia preservasti..., »

la difficulté aux yeux de ceux qui s'en tiennent aux textes authentiques et les prennent dans le sens de leurs auteurs (1). L'opposition fut réelle, mais elle n'eut pas dans son ensemble le caractère absolu que les adversaires du dogme lui ont attribué. Un exemple suffira.

Parmi ces grands docteurs du xiiiᵉ siècle, nul n'a traité le problème d'une façon plus nette que saint Bonaventure III, *Sentent.*, dist. III, part. I. a, I. Il se pose trois questions : 1º la chair de la Vierge a-t-elle été sanctifiée avant l'animation ; 2º l'âme de la bienheureuse Vierge a-t-elle été sanctifiée avant d'avoir contracté le péché originel ; 3º la bienheureuse Vierge a-t-elle été sanctifiée avant sa naissance ? La réponse à la dernière question est pleinement affirmative ; il en va tout autrement pour les deux premières. Le docteur séraphique rejette d'abord la sanctification de la chair de Marie avant l'animation ; car la sainteté véritable ne convient qu'à l'âme, et par ailleurs la conception *initiale* (2) de Marie s'étant faite dans les conditions ordinaires de la génération humaine, soumise à la loi de la concupiscence, a eu naturellement pour terme une chair de péché. Vient ensuite la seconde question. Les uns affirment que dans l'âme de la glorieuse Vierge, la grâce sanctifiante a prévenu la tâche du péché originel ; affirmation que des convenances multiples semblent appuyer. Les autres pensent, au contraire, que l'âme de la Vierge n'a été sanctifiée qu'après avoir contracté le péché originel ; seul le Fils de la Vierge ne l'a pas contracté. Saint Bonaventure conclut en faveur de cette seconde opinion, comme plus commune, mieux fondée en raison et

---

(1) Les textes des principaux scolastiques sont rapportés et bien appréciés par le P. Christian Pesch, S. J., dans ses *Prælectiones dogmaticæ*, t. III, *De Deo Creante*, n. 323 ss., Fribourg en Brisgau, 1895.

(2) Les théologiens scolastiques distinguaient entre la conception initiale, *conceptio inchoata*, dite aussi conception séminale ou charnelle, et la conception parfaite ou consommée, qu'ils supposaient n'avoir lieu que plus tard, quand l'âme était créée par Dieu et unie au corps pour l'animer et l'informer.

plus sûre, *communior est, et rationabilior, et securior,*
Il invoque comme motifs : l'universalité de la loi du
péché, d'après l'Écriture et la Tradition ; l'existence
en Marie des peines attachées au péché originel ; la
relation nécessaire qui existe entre l'union de l'âme
avec une chair de péché et la souillure de l'âme elle-
même ; enfin, la qualité de Rédempteur qui convient
au Christ par rapport à sa Mère, non moins que par
rapport aux autres rejetons d'Adam. Cette dernière
raison se trouve également, et en première ligne,
chez les autres docteurs, le docteur angélique en
particulier (1).

L'existence de la fête de la Conception en maint
endroit se présentait à ces théologiens comme une
objection ; ils la résolvent généralement en interprétant l'objet de la fête. On ne doit pas, répond saint
Thomas, la rapporter à la conception par le motif de
la conception même, mais par le motif de la sanctification. Le docteur séraphique est moins tran-
chant ; il n'ose ni louer ouvertement, ni blâmer
simplement ceux qui célèbrent la conception de la
sainte Vierge ; il se peut aussi, ajoute-t-il, que la
fête se rapporte plutôt au jour de la sanctification,
qu'au jour de la conception ; il conclut enfin : « quoiqu'il en soit, les âmes pieuses peuvent se réjouir de
ce qui a été commencé au jour de la conception.
Qui en effet pourrait apprendre que la Vierge, dont
est sorti le salut du monde, a été conçue, sans en
rendre à Dieu de solennelles actions de grâces, et
sans se réjouir dans le Sauveur ? Quand même le fils
d'un roi naîtrait boiteux, avec la certitude d'être dé-
livré plus tard de cette infirmité, il ne faudrait point
s'affliger de ce malheur, mais se réjouir de sa naissance ». Tous les adversaires de l'Immaculée Conception qui viendront ensuite, interpréteront l'objet
de la fête de quelqu'une de ces façons (2).

(1) *Summa theol.,* III° p., q. XXVII, a. 2.
(2) *Le Grand Dictionnaire du* XIX° *siècle* ne manque
pas de citer une dizaine de ces auteurs, pour prouver
« que cette fête, dans l'esprit de ceux-mêmes qui la célébraient ou l'approuvaient, n'impliquait nullement la
croyance à l'*immaculée conception* ; que, loin de l'ap-

§ IV. — *Réaction. Duns Scot.*

Nous avons vu l'attaque. Venant de tels hommes et de pareils saints, elle devait nécessairement marquer sa trace. Ce fut, pour la doctrine de l'Immaculée Conception, le moment de crise non pas générale, mais restreinte aux milieux où l'influence des docteurs sorbonistes s'exerça : la fête fut abolie dans quelques diocèses, et le développement de la croyance elle-même entravé et retardé. La revanche ne devait pas tarder à venir. A l'aurore du XIXᵉ siècle, un champion paraît, non pour créer un dogme inconnu jusqu'alors, mais pour défendre la croyance dont nous avons rencontré tant de manifestations expresses, et pour inaugurer le triomphe final. Il venait d'Angleterre, où, dès la fin du XIIIᵉ siècle, les universités étaient gagnées à la cause de Marie. Y eut-il réellement, à Cologne et à Paris, une grande joute théologique où, mis en face de deux cents arguments préparés par ses adversaires, Duns Scot les aurait réfutés d'une façon si péremptoire, que la majorité des théologiens, et l'université de Paris en particulier, se seraient ralliés à sa doctrine ? Des auteurs graves en ont douté ; mais il est incontestable, et incontesté, que le Docteur subtil imprima un mouvement décisif à la cause de l'Immaculée Conception.

Comment Scot obtint-il ce résultat ? Par un pro-

puyer sur cette croyance, ils cherchaient à l'expliquer par d'autres considérations, à lui donner une autre raison d'être ». Evidemment, s'il s'agit des auteurs cités, tous étant des adversaires de la pieuse croyance ! Mais que ne parle-t-on des autres, soit orientaux soit occidentaux, qui avaient précédé, et de ceux beaucoup plus nombreux encore qui suivirent !

cédé plus polémique que dogmatique ; moins en prouvant sa propre thèse qu'en renversant celle des adversaires (1). La principale raison invoquée par ceux-ci était tirée de la dignité du Christ Rédempteur, inconciliable, pensaient-ils, avec l'exemption du péché originel. Au contraire, riposte le docteur franciscain ; en réalisant cette exemption dans sa Mère, le Christ devient à son égard plus parfaitement et plus pleinement Rédempteur. Il y a deux manières de sauver quelqu'un ; on peut le retirer du précipice où il est tombé, mais on peut aussi le retenir au moment critique où la chute va commencer. De même, il y a deux manières de racheter quelqu'un ; la première, en payant sa rançon quand il est déjà dans les fers ; la seconde, en la payant avant que le droit de servitude soit exercé, bien qu'il soit acquis. Ce second genre de rachat n'est-il pas plus parfait dans son efficacité, plus noble en soi et plus glorieux pour celui qui en bénéficie ? L'innocence parfaite étant un plus grand bien que la remise de la faute contractée, la grâce qui préserva Marie du péché originel fut plus grande que celle qui l'en aurait seulement purifiée.

Mais ce n'est plus là une vraie rédemption ! — Erreur, répond Scot ; c'est une *rédemption préservatrice*, ce n'est pas une simple préservation. Tout descendant naturel d'Adam et d'Ève est, en vertu de son origine, passif de la tache originelle ; cette dette ne peut s'éteindre, comme le péché originel ne peut lui-même s'effacer, que par une application des mérites du Christ Rédempteur. En d'autres termes, Marie naissant fille d'Adam devait être conçue dans le même état que les autres membres de la race humaine, morte à la vie de la grâce, soumise à la servitude du péché et du démon, ennemie de Dieu ; mais le Verbe divin veillait sur sa Mère future, il la sanctifia en même temps qu'il la créa, lui appliquant ainsi par anticipation et d'une façon plus relevée et plus digne de son amour filial ses propres mérites de Rédempteur. Marie, pour être immaculée dans sa

(1) *In III Sentent.*, dist. III, q. 1.

conception, avait absolument besoin de cette application des mérites du Rédempteur; aussi peut-elle dans son *Magnificat* proclamer Dieu son Sauveur.

Marie a donc pu être tout à la fois rachetée et conçue sans péché. Mais une conception sans tache n'est-elle pas en contradiction flagrante avec la génération humaine de la Vierge? Comment son âme n'aurait-elle pas été souillée par son union avec une chair de péché? Telle est la seconde objection que Duns Scot aborde. Elle devait paraître insoluble à ceux des théologiens scolastiques de cette époque qui ne distinguaient pas nettement le péché originel de la concupiscence, ou qui concevaient celle-ci comme une qualité vicieuse infectant d'abord la chair et par elle s'étendant à l'âme. Le docteur subtil déblaie parfaitement le terrain obstrué par ces fausses idées. Avec saint Anselme, il nie à bon droit que la concupiscence soit une véritable infection de la chair ou un vice positif (1). A supposer même que telle fut sa nature, on ne pourrait, ajoute-t-il, admettre qu'il y eût entre elle et la tache héréditaire une connexion essentielle. Rien de ce qui constitue proprement le péché originel ne demeure dans ceux qui sont baptisés, et pourtant le baptême ne les délivre pas de la concupiscence.

Qu'importe donc que l'acte générateur de saint Joachim et de sainte Anne ait été soumis à la loi commune de la génération humaine; qu'importe que Marie ait eu, de ce chef, une chair de péché, si par un privilège spécial de Dieu, son âme n'a jamais été privée de la grâce sanctifiante? Si l'acte sanctificateur suppose logiquement l'acte générateur; si, dans cet ordre d'idées, notre pensée tombe sur la bienheureuse Vierge d'abord conçue comme fille d'Adam, puis sanctifiée comme fille de Dieu, il n'y a pas là une priorité de temps qui exige dans l'âme de Marie deux états successifs, l'un de péché et l'autre de sainteté; il y a seulement en elle, au premier instant de son existence, un double rapport,

____

(1) Voir, dans la collection *Science et Religion*, mon étude sur *Le Péché originel dans Adam et ses descendants*, Iʳᵉ partie, ch. II, § II.

ce rapport de fille d'Adam, qu'elle doit à sa génération humaine, soumise à la loi commune et fondant la dette du péché, et ce rapport de fille de Dieu qu'elle doit à la sanctification privilégiée qui la soustrait aux conséquences de la loi commune et éteint en elle, par une application spéciale des mérites du Sauveur, la dette du péché. A l'aide de ces principes, développés avec beaucoup de talent et de pénétration, Scot pouvait répondre aux témoignages que ses adversaires empruntaient aux anciens Pères ou à la Sainte Écriture.

Restait une dernière objection : si la bienheureuse Vierge n'a pas contracté le péché originel, pourquoi en porte-t-elle les peines ? pourquoi a-t-elle souffert, et pourquoi est-elle morte ? — Il y a de ces peines qui pouvaient être utiles à Marie, et d'autres qui ne pouvaient pas l'être, répond le docteur franciscain. Quelle utilité pour elle dans la tache originelle ? Il en va tout autrement des misères et des souffrances de cette vie, puisqu'elles sont matière de mérite. Jésus-Christ pouvait donc accomplir son office de rédempteur à l'égard de Marie et lui laisser ces sortes de peines. Idée féconde dans son apparente sécheresse. Pour la développer, il faudrait la rapprocher du rôle de nouvelle Ève qui revenait à Marie. A ce titre, elle devait se trouver à côté du nouvel Adam et partager son sort, comme lui souffrir ici-bas, et comme lui mourir. Mais pas plus dans la nouvelle Ève que dans le nouvel Adam, ces peines temporelles ne sont un signe du péché originel. Il est vrai cependant de dire, avec saint Augustin (1), que Marie est morte à cause du péché d'Adam, *ex Adam mortua propter peccatum* ; car ce péché a privé la nature humaine du don d'immortalité qu'elle avait reçu en apanage dans la personne du premier homme.

Dans tout ce qui précède, Duns Scot a plutôt réfuté les adversaires de la conception immaculée de Marie qu'il n'a lui-même établi cette doctrine. Au début, cependant, il avait fait appel à l'autorité, en

_____

(1) *Enarrat. in Psalm.* xxxiv, n° 3, P. L., t. XXXVI, col. 335.

invoquant deux témoignages : celui de saint Augustin : « Qu'il ne soit point question de péché, quand on parle de Marie », et celui de saint Anselme : « Il convenait que la Vierge brillât d'une pureté sans égale au-dessous de Dieu. » Enfin, après avoir prouvé la possibilité du privilège, il résume en quelque sorte sa pensée et l'énonce sous cette forme modérée : « La bienheureuse Vierge a pu n'être pas même un instant sous le péché originel ; elle a pu y être un seul instant ; elle a pu y demeurer quelque temps. De ces trois hypothèses possibles, laquelle a été réalisée, Dieu le sait... Mais si l'autorité de l'Église et celle de la sainte Écriture, ne s'y opposent pas, il semble raisonnable d'attribuer à Marie ce qu'il y a de plus excellent. » La conviction de Scot ne fit que s'accentuer avec le temps ; plus tard il affirma nettement que la Mère du Verbe « ne fut jamais ennemie de Dieu soit par le péché actuel, soit par le péché originel (1) ».

Quelles furent les conséquences, et quelle l'issue définitive du débat dont nous venons d'esquisser les grandes lignes, ce sera l'objet d'un dernier chapitre,

(1) *In III Sent.*, *dist.* XVIII, q. I, n° 13, Anvers, 1620·

CHAPITRE III

CROYANCE EXPLICITE ET DÉFINITION SOLENNELLE

§ I. — *Les résultats de la grande controverse.*

L'issue du débat ne pouvait être, en Occident, la définition immédiate de l'Immaculée Conception. Beaucoup avait été fait, mais trop peu pour un jugement définitif. Rien de plus juste que les réflexions suivantes : « Au moyen âge, ni les défenseurs du privilège de Marie, ni ses adversaires n'apportaient d'arguments décisifs en faveur de leur opinion. Ces derniers en étaient réduits aux témoignages de l'Écriture et des Pères qui affirment la corruption générale du genre humain; les premiers ne trouvaient ni dans l'Écriture, ni dans les monuments de la tradition, qui leur étaient connus, des preuves claires et certaines; une partie des témoignages que nous avons observés de nos jours ont échappé même à l'attention de Pétau; comment eussent-ils frappé les théologiens du moyen âge ? Le sens de l'Écriture n'était pas assez approfondi; les raisons théologiques qu'on alléguait étaient plausibles, persuasives, imposantes; mais elles ne constituaient pas en dernière analyse un argument rigoureux, une démonstration nécessaire. En un mot, il était impossible de trancher alors la question à l'aide des ressources matérielles dont la théologie disposait (1). »

La controverse n'en eut pas moins des résultats immédiats de grande importance. D'abord, la pieuse croyance sortit de la lutte mieux définie, mieux expliquée, mieux comprise. La question, on l'a vu, avait été mal posée par beaucoup des défenseurs de la conception sans tache ; elle était restée mal posée chez beaucoup de ses adversaires. Sanctification de la chair ou du corps et sanctification de l'âme, conception active et conception passive, tache originelle ou dette de cette tache, priorité logique ou priorité de temps, toutes ces notions avaient été confondues ou du moins mêlées. Scot déblaya le terrain de la façon que nous avons vue. Il dégagea le véritable objet de la croyance, en appliquant le privilège non pas à la conception active ni à la conception passive imparfaite, mais à la conception passive parfaite. Dire que Marie fut conçue sans péché, c'est-à-dire, que son âme, créée par Dieu et unie au corps pour l'animer, fut au même instant ornée de la grâce sanctifiante ; c'est-à-dire que jamais, pas même un instant, la personne de Marie ne fut dans l'état de péché.

Le triomphe du Docteur subtil est un fait historique. A sa cause se rallia peu à peu la grande majorité des théologiens (2). Bientôt la Sorbonne prit résolument parti pour la pieuse croyance ; dès l'an 1373, elle censure une thèse, où le dominicain Jean de Montesono avait taxé d'erreur formelle contre la foi l'assertion qui exemptait la bienheureuse Vierge de la tache originelle. La lutte continuera, il est vrai ; car les camps se formèrent et se tranchèrent, ayant à leur tête d'un côté les franciscains et de l'autre les dominicains ; mais l'impulsion est donnée et ne s'arrêtera plus. La fête aussi triomphe ; les témoignages abondent au XIVe siècle ; on en trouve partout, en France, en Angleterre, en Espagne et en Portugal, en Alle-

(1) Mgr MALOU, t. I, p. 81.
(2) Mgr MALOU, t. II, p. 136 ss.

magne, en Belgique, en Italie et à Rome même (1). De là un second résultat de la grande controverse : de l'état implicite où elle était à peu près restée en Occident pendant les dix premiers siècles, la croyance à la conception sans tache de Marie passait publiquement à l'état explicite, et entrait ainsi dans sa dernière période, celle qui devait aboutir au triomphe final.

Comment expliquer ce résultat, étonnant à première vue et disproportionné, semble-t-il, quand on le compare avec les arguments proposés par les défenseurs de l'Immaculée Conception au moyen âge ? Rappelons-nous une judicieuse remarque de Bossuet, dans l'exorde de son premier sermon sur la Conception de la sainte Vierge : « Il y a, dit-il, certaines propositions étranges et difficiles qui, pour être persuadées, demandent que l'on emploie tous les efforts de la rhétorique. Au contraire, il y en a d'autres qui jettent au premier aspect un certain éclat dans les âmes, qui fait que souvent on les aime avant de les connaître. De telles propositions n'ont pas besoin de preuves. Qu'on lève seulement les obstacles, que l'on éclaircisse les objections, l'esprit s'y portera de soi-même, et d'un mouvement volontaire. Je mets en ce rang celle que j'ai à établir aujourd'hui. »

Avant la grande controverse suscitée par saint Bernard, il y avait incontestablement dans l'Église une tradition vivante qui attribuait à Marie une sainteté indéfinie et une pureté plus parfaite que celle des anges. Les adversaires de l'Immaculée Conception au xii⁰ et au xiii⁰ siècle n'eurent garde de méconnaître cette tradition, ni la dignité de Marie qui

(1) Mgr Malou, t. I, p. 122 ss ; Passaglia, n° 1618 ss. La fête dont il s'agit dans ces témoignages est la fête de la *Conception* de Marie, et c'est cette conception qu'on prétend honorer. Un exemple, tiré d'un Missel à l'usage de l'église de Nantes, manuscrit de la fin du xiv⁰ siècle, conservé à la bibliothèque de la ville du Mans : *Deus qui beate Marie virginis conceptionem angelico vaticinio parentibus prædixisti præsta huic puti familie (ue ejus præsidiis muniri cujus conceptionis sacra solemnia congruâ devotione veneratur.*

en était comme le fondement. Tous admettaient la maternité divine de la Vierge, son rôle de nouvelle Ève et de médiatrice, la plénitude de grâces dont Dieu l'avait comblée. Tous admettaient le principe de saint Augustin : Quand il s'agit de péché, qu'il ne soit point question de Marie. Tous admettaient le principe de saint Anselme : Il convenait que la Vierge brillât d'une pureté sans égale au-dessous de Dieu. De ces principes ils concluaient à l'absence en Marie de toute faute actuelle, si légère fût-elle, et même de tout mouvement déréglé de la concupiscence (1) ; ils concluaient à la conservation parfaite de sa virginité pendant et après l'enfantement divin. Ils allaient plus loin encore, ils concluaient à la sanctification de la Vierge dans le sein de sainte Anne. Arrivés là, ils reculèrent, ou plutôt ils avancèrent toujours de plus en plus, en face de cette question : Quand Marie fut-elle sanctifiée ? Les premiers répondirent d'une façon générale : Avant sa naissance, ou après l'animation ; les seconds, par exemple, Albert le Grand ajoutèrent : Peu de temps après l'animation, *cito post animationem* ; et les autres finirent par dire : Au *second instant* de son existence. C'était affirmer de la Vierge autant de privilèges exceptionnels, dont aucun ne pouvait se justifier par les seules Écritures, mais qui tous s'appuyaient sur la Tradition et n'étaient que la légitime application des principes formulés par saint Augustin et saint Anselme.

Par là même Marie se trouvait constituée dans un ordre à part ; il y avait, pour elle, exception à la loi commune qui pèse sur l'humanité déchue. Alors, pourquoi la conception de Marie serait-elle soustraite, seule, à cet ordre de providence spéciale ? pourquoi le Verbe aurait-il toujours aimé et préservé sa Mère, excepté quand il l'a créée ? Quelle inconséquence, puisqu'il l'a créée pour lui-même ! La

______

(1) Il y avait seulement controverse, parmi les théologiens scolastiques, sur ce point secondaire : le principe même des mouvements désordonnés de la concupiscence, le *fomes peccati*, a-t-il été plus que *lié*, a-t-il été *éteint* en Marie avant l'Incarnation du Verbe ?

logique n'était-elle pas du côté de l'abbé Anselme et de Scot? et ne pouvaient-ils pas justifier le privilège comme on l'a fait depuis, en disant : « Si la conception de Marie était exceptionnelle par rapport aux autres hommes, elle était au contraire *en harmonie* parfaite avec l'ensemble des desseins de Dieu sur la femme bénie qu'il est déraisonnable de confondre avec le reste de l'humanité (1)? » C'est là ce qu'on comprit, quand Scot eut levé les principaux obsta-c'es, en dégageant le fond de la doctrine des fausses conceptions qu'on y avait mêlées, et en développant l'idée féconde d'une rédemption, plus efficace en même temps que plus noble, par l'application des mérites du Sauveur faite à sa Mère au premier instant de son existence. Alors le mouvement de croyance explicite qui s'était manifesté au xi⁰ siècle, put apparaître pour ce qu'il était en réalité, un cas particulier rentrant dans la croyance générale de l'Église en la pureté parfaite et la sainteté suréminente de la Mère de Dieu.

Qu'on ajoute, si l'on veut, que dans l'ignorance où ils étaient des monuments du passé, l'hésitation des Bernard, des Bonaventure et des autres grands docteurs de l'époque, fut prudente et comme nécessaire. D'accord, pour ce qui est de comprendre et de justifier leur conduite ; car, enfin, il s'agissait d'un privilège exceptionnel, et quelque convenable qu'il parût en Marie, il fallait, pour l'affirmer catégoriquement, des preuves d'ordre positif. Mais cette considération ne donne pas le droit de transformer ces docteurs en témoins de l'antique tradition ; ils raisonnèrent à l'aide de quelques textes généraux ou de suppositions plus physiologiques que dogmatiques, et, pour le reste, ils ignorèrent. Ils ignorèrent les riches monuments de l'Église orientale ; ils ignorèrent même presque complètement, semble-t-il, ce qui, dans l'Église occidentale elle-même, s'était fait au xi⁰ siècle et au début du xii⁰ siècle, en dehors du milieu restreint où ils vécurent. Aussi, malgré leur

(1) Cᵃˡ DECHAMPS, *La nouvelle Eve ou la Mère de la Vie* c. vi, p. 60, 3ᵉ édition.

grande autorité, l'opposition qu'ils avaient cru devoir faire à la pieuse croyance devait être vaincue.

§ II. — *La dernière étape.*

Il serait inutile de poursuivre désormais en détail l'histoire du dogme de l'Immaculée Conception. Du xve au xixe siècle, la croyance se développe d'une façon constante et devient croyance catholique ; le Saint-Siège se déclare nettement et résolument en faveur de cette doctrine ; la fête cesse d'être dévotion privée et tolérée, elle passe à l'état de culte public d'abord approuvé, puis étendu à toute l'Eglise. Contentons-nous de signaler, au cours de cette période, quelques étapes plus importantes et quelques faits plus caractéristiques.

Quand le concile de Bâle se réunit, en 1435, Jean de Ségovie, chanoine de Tolède, put dire en faveur de la cause dont il fut le glorieux champion : « L'assertion contraire au privilège de la Vierge est devenue, sinon dès le commencement, du moins depuis longtemps et surtout de nos jours, si désagréable et si odieuse au peuple chrétien, qu'il ne supporte plus de l'entendre. » L'opposition se résumait dès lors, ou peu s'en faut, dans l'ordre de Saint-Dominique, représenté au concile par son général, le P. Jean de Monténégro, et par le Maître du sacré palais, plus tard cardinal, Jean de Torquemada (1). Les Pères de Bâle n'en rendirent pas moins, dans leur 36e session, le 17 septembre 1439, un décret, où ils déclaraient que la doctrine déclarant Marie sainte et immaculée, et l'exemptant de toute faute

(1) Card. de TURRECREMATA, *Tractatus de veritate conceptionis B. Virginis pro facienda relatione coram Patribus Concilii Basileen.* an. 1437, Rome, 1547.

originelle et actuelle, « est une doctrine pieuse, conforme au culte de l'Eglise, à la foi catholique, à la droite raison et à l'Ecriture sainte ; qu'elle doit être approuvée, tenue et professée par tous les catholiques, et qu'il n'est plus permis désormais de prêcher ou d'enseigner dans le sens contraire (1). »

L'assemblée de Bâle n'était plus qu'un conciliabule, quand elle rendit ce décret ; aussi demeura-t-il sans valeur juridique. Il eut cependant, en fait, une influence considérable et contribua pour beaucoup au développement de ce puissant mouvement des esprits qui, à partir du XV⁰ siècle, va toujours en s'accentuant, et provoque une décision définitive. Des conciles provinciaux, par exemple celui d'Avignon en 1457, sanctionnent le décret de Bâle. La Sorbonne, en 1469, impose à ses docteurs, sous serment, l'obligation de défendre la conception sans tache de Marie, et toutes les universités d'Europe s'unissent peu à peu à celle de Paris pour soutenir la même cause. Il fallait qu'au siècle suivant, la croyance fût bien générale, puisqu'on la retrouve dans un livre écrit par Luther plusieurs années après sa défection. Parmi ses commentaires sur les leçons tirées des Evangiles, on en trouve un *pour le jour de la Conception de Marie Mère de Dieu*. L'auteur commence par expliquer ce qu'est le péché originel, la connaissance de celui-ci étant nécessaire, dit-il, pour comprendre comment Marie en fut préservée. « De l'avis commun des docteurs, le péché originel n'est pas autre chose que la privation de la justice originelle, conséquence et punition du premier péché commis par Adam au Paradis terrestre. » Luther expose ensuite les diverses opinions ; puis, après avoir établi la distinction entre la conception active et la conception passive, il conclut : « Je ne parle pas de la première conception. Mais pour l'autre, qui consiste dans l'infusion de l'âme, c'est une pieuse croyance, *pie creditur*, qu'elle s'est faite sans le péché originel, en sorte qu'au moment même

(1) Labbe-Colet, *Sacrosancta Concilia*, t. XVII, col. 394. Venise, 1731.

où son âme fut unie au corps, Marie a été purifiée du péché originel ; les dons divins l'ont rachetée, mais de manière à ce qu'elle reçût immédiatement de Dieu une âme sainte. C'est là ce que signifient les paroles de l'ange Gabriel : Vous êtes bénie entre toutes les femmes. On ne pourrait lui dire : *Vous êtes bénie*, si elle avait jamais été soumise à la malédiction. Du reste, n'était-il pas convenable et juste que Dieu préservât du péché d'origine celle qui devait donner au Christ la chair destinée à effacer tous les péchés (1) ? »

En face d'un mouvement de piété si continu et si général, que faisait Rome, Rome dont saint Bernard avait filialement évoqué la voix maîtresse ? Rome ne restait pas indifférente ; elle avait tout suivi du regard et tout écouté, elle avait attendu longtemps dans une prudente réserve, mais elle avait compris et elle avait commencé à parler. En 1476, le pape Sixte IV inaugurait cette série d'actes officiels du suprême magistère, dont le terme devait être la proclamation du dogme. Par la constitution *quum præcelsa*, il approuva la fête de *la Conception* et l'enrichit d'indulgence. La messe et l'office, composés par Léonard de Nogarole, ne laissaient aucun doute sur le vrai sens de la fête : « Célébrons l'immaculée conception de la Vierge Marie, et adorons Notre-Seigneur Jésus-Christ qui l'a préservée... Vous êtes toute belle, ô Marie, et il n'y a pas eu de tache originelle en vous. »

Désormais presque tous les papes signaleront leur passage sur la chaire de saint Pierre par quelque acte en faveur de la pieuse croyance. Les uns comme Alexandre VI, renouvelleront la constitution de Sixte IV. Les autres, comme Innocent VIII et Urbain VI, approuveront la fondation d'ordres religieux et de confréries en l'honneur et sous le vocable de l'Immaculée Conception. Les autres, plus

____

(1) *Enarrationes seu Postillæ Martini Lutheri in Lectiones, quæ ex evangelicis historiis, apostolorum scriptis... per universum annum... recitantur*, p. 300, in fol. Strasbourg, 1530.

nombreux, réprimeront l'audace des contempteurs de
la pieuse croyance, et bientôt même les condamne-
ront au silence ; mais en même temps ils ne per-
mettront pas aux champions de Marie d'empiéter
sur le jugement définitif, en taxant leurs adversaires
de péché mortel ou d'hérésie, tant que l'Eglise apostolique et romaine n'aurait pas décidé la question.
Conduite sage, nécessaire pour le bien de la paix et
nullement contradictoire, si ce n'est aux yeux de
ceux qui méconnaissent la nature et la portée des
différents actes dont il s'agit (1).

Plusieurs fois, cependant, il fut question de trancher le débat. Léon X eut un instant le projet de
s'en occuper au V⁰ concile œcuménique de Latran,
et chargea le cardinal Cajetan de lui exprimer son
avis sur la matière. Tout en concluant dans un sens
favorable à la doctrine de son ordre, l'illustre dominicain fit preuve de beaucoup de modération et
d'impartialité ; dans son mémoire, présenté au pape
en 1515, il reconnaissait, entre autres choses, que la
plupart des docteurs catholiques soutenaient alors
la pieuse croyance et que personne n'avait le droit
de la taxer d'hérésie (2). Mais la question ne fut
point débattue au concile de Latran. Trente ans plus
tard, après avoir établi et défini que tous les hommes
naissent infectés de la faute originelle, les Pères du
concile de Trente ajoutaient cette réserve : « Cependant ce saint concile déclare qu'il n'entre point
dans son intention de comprendre dans ce décret,
relatif au péché originel, la bienheureuse et Immaculée Vierge Marie, Mère de Dieu (3). » Réserve si-

<hr>

(1) On a dit, par exemple, dans le *Grand Dictionnaire
du* XIX⁰ *siècle*, à propos de la définition de Pie IX, comparée aux actes de ses prédécesseurs : « N'est-il pas
vrai que l'Eglise décide aujourd'hui le contraire de ce
qu'elle a décidé hier ? » — Non, parce qu'en prenant le
mot *décidé* dans le sens de définition proprement dite,
l'Eglise n'avait jamais décidé la question et n'avait pas
voulu la décider avant le 8 décembre 1854.

(2) *Tractatus de conceptione beatæ Mariæ Virginis ad
Leonem X, P. M., in quinque capita divisus*, Rome, 1515,

(3) Session V, tenue en 1546. Voir PALLAVICINI, *Histoire du Concile de Trente*, l. VII, c. III, n° 8, et c. VII.

gnificative et dont Pie IX a relevé l'importance dans la bulle *Ineffabilis Deus* : « Par cette déclaration les Pères du concile de Trente ont insinué suffisamment, en égard aux circonstances des temps et des lieux, que la très sainte Vierge est exempte de la tache originelle, et ils ont ainsi fait comprendre clairement qu'on ne saurait rien tirer, légitimement, soit de l'Écriture sainte, soit de la tradition et de l'autorité des saints Pères, qui s'oppose, en quelque façon que ce soit, à cette éminente prérogative de la Vierge. »

Deux actes pontificaux d'une importance exceptionnelle couronnent, dans la seconde moitié du xvii° siècle et au début du xviii°, la période de croyance explicite. A la demande de Philippe IV, roi d'Espagne, et des évêques de ce royaume, Alexandre VII promulgua, le 8 décembre 1661, la célèbre constitution *Sollicitudo omnium ecclesiarum* il y renouvelait et étendait les dispositions prises jusqu'alors par le Saint-Siège en faveur de la pieuse croyance, et surtout il en déterminait historiquement le véritable objet : « C'est sans contredit, par un sentiment très ancien de dévotion envers Marie, que les fidèles croient que son âme, au premier instant de sa création et de son union au corps, a été par une grâce et un privilège spécial de Dieu, en vue des mérites de Jésus-Christ son fils, le rédempteur du genre humain, pleinement préservée de la tache du péché originel, et qu'ils célèbrent *en ce sens* avec beaucoup de solennité la fête de sa Conception. » L'objet du culte étant ainsi établi, le jour où Rome rendrait la fête obligatoire pour toute l'Église, la question serait équivalemment tranchée. L'argument des Bernard et des Thomas d'Aquin : *On ne doit, dans l'Église, fêter que ce qui est saint,* se retournerait contre eux ; le culte tombant sur la conception même de Marie, il faudrait de ce fait conclure nécessairement à la sainteté de la conception. Le pas décisif se fit en 1708 ; par la constitution *Commissi nobis,* Clément XI rendit la fête de la Conception de la bienheureuse Vierge obligatoire pour toute l'Église.

L'argument tiré du culte de l'Immaculée Conception, par ses défenseurs, acquérait désormais un nouveau caractère. Jusqu'alors, l'existence de ce culte dans certaines églises, surtout en Orient, constituait une manifestation évidente de leur croyance publique, et par suite de l'antique tradition en faveur de la sainteté sans tache de la très sainte Vierge. Appuyée maintenant sur l'autorité expresse du magistère suprême, l'existence de la fête forme un argument démonstratif en faveur de la légitimité du culte, et par suite de la vérité de son objet. Benoit XIV se proposait de tirer dogmatiquement cette conséquence des actes de ses prédécesseurs, comme on le voit par un projet de constitution sur la Conception immaculée de la Mère de Dieu. Désormais, déclare le grand pontife, il n'est pas plus permis de douter que la Reine des anges ait été sainte en sa conception, qu'il n'est permis de douter qu'elle ait été sainte en sa naissance; la sainteté de ces deux mystères est certaine, puisque, de l'autorité même du Siège apostolique, tous les deux sont fêtés par l'église catholique (1).

L'Église enseignante, en agissant ainsi, trouvait dans l'Église enseignée un écho parfait, pour ne pas dire un puissant stimulant. De toutes parts, c'est en l'honneur de Marie sans tache, un concert unanime de louanges et d'amour. Églises, rois, peuples et villes se mettent sous le patronage direct de l'Immaculée Conception. Des ordres se fondent, ordres contemplatifs, ordres enseignants, ordres militaires, et des confréries de toute sorte s'établissent pour honorer publiquement Marie Immaculée. Les savants multiplient les livres pour propager et défendre la croyance au glorieux privilège de la Mère de Dieu (2). Et les saints ! Tous, à partir du XVI° siècle, et certes il y eut alors de grands saints, tous sont autant

(1) ROSKOVANI, *Beata Virgo Maria in suo Conceptu immaculata*, t. II, p. 461-88 ; *Schema constitutionis Benedicti XIV de immacul. concept. Deiparæ.*

(2) Malgré les attaques convaincues sans doute, mais trop peu modérées de quelques particuliers, l'ordre de Saint-Dominique eut aussi sa part à ce magnifique concert de louanges et d'amour ; du temps de saint Alphonse de Liguori, on comptait déjà cent trente-six de ses écrivains qui avaient professé la pieuse croyance.

d'apôtres de la Vierge Immaculée; plusieurs vont jusqu'à promettre de verser au besoin leur sang pour cette cause chérie, acte d'amour que Muratori tenta vainement de ridiculiser en y dénonçant un *vœu sanguinaire*.

Tels sont les faits. Et comme ils sont indéniables, que feront les adversaires ? Je ne dis pas les adversaires d'autrefois qui s'étaient tus même avant que Pierre eût parlé, mais les adversaires de maintenant. Ils *interprètent* les faits. Voulez-vous savoir pourquoi la fête se propage, pourquoi la croyance gagne sans cesse du terrain dans le sens immaculiste, surtout à partir du xv⁰ siècle ? Ecoutez cette profonde explication du mystère : « La marée montante de la foi populaire, l'influence des Jésuites systématiquement favorables à tout ce qui pouvait augmenter la mariolâtrie, les dispositions de princes puissants, tels que les rois d'Espagne, Philippe III et Philippe IV, conspiraient en faveur du dogme franciscain (1). »

Oui, la Compagnie de Jésus s'est fait une gloire de soutenir et de promouvoir la croyance à l'Immaculée Conception, elle n'a pas à rougir de ce passé ; mais la croyance elle-même n'est pas plus jésuitique qu'elle n'est franciscaine. Ignace de Loyola n'était pas encore né, quand le concile de Bâle donna une impulsion irrésistible à la pieuse doctrine. Oui, l'Espagne a fait beaucoup pour Marie Immaculée, tellement qu'on a pu porter ce jugement : « Il est vrai de dire, humainement parlant, que l'Espagne a servi d'instrument à la divine Providence, pour aplanir les voies à la définition du mystère (2). » Mais les rois de ce noble pays ont suivi un mouvement de foi, ils ne l'ont pas créé. Du reste, la conduite, en toute cette affaire, des pasteurs, des pasteurs suprêmes en particulier, ne montre-t-elle pas que si, eux aussi, ils ont suivi le mouvement de foi qui s'est manifesté et développé au sein de la chrétienté, ils ne l'ont pas fait à l'aveugle et avec précipitation, mais au contraire lentement, prudemment, en laissant à l'opposition

---

(1) *Encyclopédie des sciences religieuses*, art, Conception Immaculée.

(2) Mgr MALOU, *Préface*, p. 20,

comme à la défense le temps d'étudier le problème et de le discuter ?

Un théologien érudit, qui est plutôt sévère que facile dans son appréciation des témoignages du passé et qui, du reste, était loin de connaître tous les monuments de l'antiquité relatifs à la conception de Notre-Dame, le grave Petau envisage tout autrement le grand fait que nous avons constaté : « Ce qui m'émeut, dit-il, et me pousse de ce côté, c'est le consentement commun de tous les fidèles qui portent fixée au fond de leurs esprits, et qui attestent par toute sorte de manifestations et d'hommages, la croyance que parmi les œuvres de Dieu rien n'est plus chaste, plus pur, plus innocent, plus en dehors de toute souillure et de toute tache que la Vierge Marie ; qu'il n'y a rien de commun entre elle et le diable ou ses suppôts, et que par conséquent elle a été exempte de toute offense vis-à-vis de Dieu et de tout sujet de condamnation. Or, c'est à bon droit que saint Paulin, évêque de Nole, nous exhorte à rester suspendus à la bouche de tous les fidèles, parce que l'Esprit de Dieu souffle en eux (1). »

§ III. — *Le terme. La bulle Ineffabilis Deus.*

La croyance à la conception sans tache de Marie était entrée dans cette période de possession tranquille et consciente, où se trouve une vérité longtemps discutée, mais finalement triomphante. Un vœu, cependant, restait au cœur de l'Église, le vœu que Pierre se levât dans toute la plénitude de l'autorité apostolique, et joignît au *credo* du monde chrétien cet article : Elle est *immaculée.* Pourquoi ? C'était, par rapport au passé, le terme logique ;

(1) *De Incarnatione Verbi*, l. XIV, c. II, n. 10.

c'était, pour la Vierge objet de tant de vénération et d'amour, le couronnement. « Son premier et plus éclatant trophée est la qualité de Mère de Dieu proclamée au concile d'Éphèse. Vient ensuite l'honneur de la perpétuelle virginité déclarée d'abord dans le concile de Latran, sous Martin Ier, mais confessé bien plus hautement dans la liturgie universelle. Son exemption de tout péché actuel, reconnue solennellement au concile de Trente, forme le troisième caractère de cette auguste créature. En définissant le privilège unique qui l'a préservée de la tache originelle, l'Église assurera ici-bas le dernier triomphe de cette sainteté créée qui ne voit au-dessus d'elle que la sainteté même de Dieu (1). »

Le quart de siècle qui précéda la définition est comme un acheminement vers ce grand acte. De 1834 à 1847, trois cents évêques demandent de joindre, dans la préface de la messe, le mot *immaculée* au mot *Conception* (2). De 1839 à 1844, cent trente évêques, chefs d'ordres ou recteurs d'églises particulières obtiennent l'insertion, dans les litanies de Lorette, de l'invocation *Regina sine labe originali concepta*. Les suppliques en faveur de la définition se multiplient, venant des quatre coins du monde. Emu de tant désirs, stimulé aussi par sa propre piété envers Marie, Pie IX se décide, en 1849, à consulter les évêques du monde catholique, 750 environ ; ce fut ce qu'on a nommé un *concile par écrit*. Des 543 cardinaux, archevêques et évêques qui répondirent au Saint Père, 484 approuvèrent la doctrine de l'Immaculée Conception et en demandèrent la définition pure et simple. Parmi les autres, quelques-uns préféraient une définition indirecte, ou restaient indécis sur l'opportunité d'un jugement décisif ; 18 seule-

(1) Dom GUÉRANGER, *Mémoire sur la question de l'Immaculée Conception de la très sainte Vierge*, p. 120. Paris, 1850.

(2) Au mois de décembre 1843, le Maître général de l'ordre de Saint-Dominique obtenait du Saint Siège la faveur de célébrer avec octave la fête de la Conception de Marie dans toutes les maisons de l'ordre, en se servant à la préface de la clause : *Et te in Conceptione immaculata,*

ment repoussèrent la définition, tout en affirmant parfois ou en faisant supposer que la croyance à la pieuse vérité était générale dans leurs diocèses (1).

En même temps, les travaux se multipliaient, les uns pour établir la légitimité ou l'opportunité d'une définition, les autres pour dévoiler aux yeux ravis de l'Occident les trésors liturgiques et patristiques de l'Orient (2). Dans le lointain des siècles, Marie apparaissait partout et toujours ce que nous l'avons vue au cours de cette étude, la Pleine de grâces, la Toute Sainte, la nouvelle Ève choisie de Dieu pour être avec le nouvel Adam l'ennemi victorieux, et rien que victorieux, du serpent.

Et Pierre jugea l'heure venue ! Le 8 décembre 1854, la bulle *Ineffabilis Deus* répondait aux longs et ardents désirs du monde catholique. Pie IX commence par rappeler la raison dernière des insignes privilèges accordés à Marie, c'est-à-dire, l'union étroite qui existe, dans le plan divin, entre le Verbe incarné et sa Mère bénie ; puis il résume, dans ses grandes lignes, l'histoire du dogme qu'il va définir. Il parle de l'antique croyance et du culte public dont la fête de la Conception est un éclatant témoignage ; il énumère les actes répétés et toujours plus expressifs des pontifes romains en faveur de cette croyance et de ce culte ; il montre la dévotion sans cesse croissante du peuple chrétien envers Marie Immaculée ; il développe surtout le grand argument fourni par la doctrine des Pères et des écrivains ecclésiastiques sur la parfaite sainteté de Marie, sa souveraine dignité, son exemption de toute tache du péché et sa glorieuse victoire sur le cruel ennemi du genre humain. Enfin, il déclare révélée de Dieu la doctrine « qui tient que la bienheureuse Vierge Marie fut, dans le premier

(1) Tous ces documents se trouvent dans les *Pareri*, vol. I et suivants.

(2) Pour la bibliographie moderne de la question, voir l'inventaire de M. l'abbé D. SIRE, *Enumération des documents relatifs à la définition du dogme de l'Immaculée Conception de la très sainte Vierge* (Summa aurea... t. VIII, col. 585 610); ou l'inventaire plus complet encore de Roskovany, ouv. cité, t. IV-IX.

instant de sa Conception, par une grâce et un privilège singulier du Dieu tout-puissant, en vue des mérites de Jésus-Christ, Sauveur du genre humain, préservée de toute tache de la faute originelle. »

§ IV. — *Conclusion.*

A Pie IX, proclamant la doctrine de l'Immaculée Conception *révélée de Dieu*, un célèbre protestant d'Allemagne répond par ces deux mots: *Wann? wem?* c'est-à-dire, *quand* et *à qui* s'est faite cette révélation (1)?

D'après les principes catholiques, cette révélation a dû se faire aux apôtres par Jésus-Christ ou par l'Esprit Saint; elle doit se trouver dans le dépôt intégral de la révélation, la sainte Écriture et la Tradition, donc dans l'une ou l'autre, à moins qu'elle ne se trouve dans les deux à la fois. Mais, *comment* s'y trouve-t-elle? question plus délicate, et dont la solution exige quelques remarques préliminaires (2).

Souvent les adversaires de nos dogmes raisonnent comme si, dès l'antiquité chrétienne la plus reculée, on avait dû professer en propres termes, ou du moins en termes équivalents, toutes les vérités qui appartiennent maintenant à la foi *catholique*, c'est-à-dire à la foi officiellement promulguée et imposée à tous les fidèles. C'est une erreur qui méconnait deux choses: d'abord, les différentes manières dont une vérité peut être contenue dans le dépôt de la ré-

(1) A. Harnack, *Lehrbuch der Dogmengeschichte*, t. III, p. 670, 3e édit. Fribourg en Brisgau, 1897.

(2) Je ne puis qu'indiquer ces principes, le genre de mon étude et les limites de ce petit volume ne me permettant pas de les développer. Voir le magistral traité du cardinal Franzelin *De divina Traditione et Scriptura, prolegomenon.*

vélation ; puis, le légitime et nécessaire développement de cette révélation dans l'intelligence de l'Eglise croyante.

Le dépôt intégral de la révélation chrétienne forme un tout complexe où les vérités ne sont pas comprises de la même façon. Telles s'y trouvent en propres termes ou équivalemment ; ce sont les vérités dites *explicitement* révélées. Telles ne s'y trouvent pas avec cette précision, mais sont renfermées dans une ou plusieurs autres vérités plus générales, comme la partie est dans le tout, le particulier dans l'universel, la conclusion dans les principes. Parfois encore, une vérité en appelle une autre, ou par connexion, quand les deux ont un mutuel rapport, ou par contraste, quand l'une exclut l'autre ; ainsi, affirmer la sainteté, c'est nier le péché dans la mesure même où la sainteté est affirmée, car l'état de péché et l'état de sainteté s'opposent formellement. De ces vérités on dit qu'elles sont contenues *implicitement* dans le dépôt de la révélation.

De son côté, l'esprit humain a ses lois. Incapable de saisir immédiatement dans toute sa virtualité l'objet explicite et implicite de la révélation, la foi catholique va toujours en se perfectionnant dans son œuvre d'élaboration et d'assimilation ; elle peut n'arriver qu'après un lent travail à la pleine conscience d'une vérité restée longtemps à l'état plus ou moins latent dans le dépôt sacré. De là ce qu'on appelle la croyance *implicite*. Ce qu'il faut alors chercher dans l'Ecriture ou l'antique Tradition, ce n'est pas l'affirmation expresse du point de doctrine en question ; c'est la croyance à la vérité plus générale qui la renferme, ou même aux divers éléments dont la synthèse réfléchie amènera définitivement la reconnaissance et la profession publique de ce point de doctrine (1). Une condition essentielle, toutefois,

(1) A ceux qui abusent du vieil axiome : *Quod ab omnibus, quod ubique, quod semper*, en l'interprétant ainsi : Ne croire que ce qui a été cru par tous, partout et toujours, Mgr Malou répond à bon droit, t. I, p. 34 : « Cette maxime est vraie et incontestable, lorsqu'on l'entend des dogmes catholiques considérés dans leurs sources, c'est-à-

et Pie IX le rappelle dans la bulle *Ineffabilis Deus*, c'est que les dogmes « conservent leur plénitude, leur intégrité, leur propriété, et qu'ils croissent seulement dans leur genre, c'est-à-dire dans le même dogme, dans le même sens, dans le même sentiment. »

Enfin, comme dans la conservation, la propagation et l'interprétation de la révélation en général, ainsi que dans le développement d'une vérité révélée, on ne doit pas considérer la Tradition dans son objet seulement ; on doit encore la considérer dans son organe ou le principe actif qui surveille, dirige et règle ce développement. En d'autres termes, il faut que la vérité s'énonce, se précise et se fixe sous l'influence du magistère toujours vivant et agissant de l'Eglise ; car c'est en vertu de l'assistance promise à son Eglise, et tout d'abord à l'Eglise enseignante, que le Saint-Esprit veille sur le légitime développement, non moins que sur la conservation, du dépôt sacré. Reliés entre eux et fixés dans leur réelle portée par la Tradition vivante, tous les témoignages de détail qui nous manifestent la Tradition objective n'ont plus seulement leur autorité historique et humaine ; ils empruntent à leur rapport avec la Tradition vivante, une autorité supérieure, une autorité divine.

Ces principes devaient être rappelés et doivent être supposés, quand on demande à l'Eglise catholique de justifier ses dogmes ; vouloir qu'elle les justifiât par d'autres principes que les siens, ce serait une exigence manifestement illusoire.

Voici maintenant la question : Y a-t-il eu, par rapport à la conception sans tache de la bienheureuse Vierge Marie, révélation explicite ou révélation seulement implicite ? Les réponses ont été données dans un sens et dans l'autre, soit qu'il s'agisse de l'Ecriture sainte, soit qu'il s'agisse de la Tradition.

Nous apprenons d'un évêque, qui prit part aux

dire dans les monuments de la tradition qui les renfermaient au moins d'une manière implicite ; mais elle n'est point applicable à tous les dogmes catholiques en ce sens que tous ont été crus et professés explicitement toujours, partout et par tous les fidèles. »

travaux préparatoires à la définition, que dans un projet de bulle rédigé par les théologiens de la commission instituée par Pie IX, on prétendait tirer des saintes Lettres maint témoignage explicite en faveur de la doctrine de l'Immaculée Conception. Mais « les expressions parurent outrées aux évêques, et furent l'objet d'une critique presque générale. On fit remarquer qu'un bon nombre des témoignages cités attestaient beaucoup mieux la pensée de l'Eglise et des Pères qui les avaient employées, que le sens littéral de l'Ecriture dictée par le Saint-Esprit ; on ajoutait que la plupart des passages les plus favorables à ce mystère ne l'indiquaient que d'une manière implicite et à l'aide de déductions plus ou moins laborieuses. » Et le même auteur conclut : « Ce sentiment paraît avoir prévalu dans l'esprit du saint Père ; car dans la bulle qui contient la définition du mystère, il n'insiste pas sur les témoignages de l'Ecriture, comme s'ils formaient un argument à part ; mais il les lie, si je puis parler ainsi, aux témoignages des Pères qui en ont déterminé le sens. Il dit que les saints docteurs, en exaltant les prérogatives de la Mère de Dieu, ont aperçu dans nos saintes Ecritures les traces de son Immaculée Conception, et ont célébré cette prérogative comme une grâce dont l'Esprit Saint lui-même avait parlé (1) ».

En particulier, la bulle *Ineffabilis Deus* n'autorise nullement à voir dans le Protévangile et la salutation angélique une preuve explicite de l'Immaculée Conception, ni même à y voir une preuve implicite indépendante de la Tradition. Pendant les premiers siècles, les Pères ne déduisent pas de ces textes le privilège de Marie ; mais rapprochant ces deux passages, et les comprenant sous la lumière de la révélation, telle qu'elle s'est développée dans les diverses prophéties messianiques de l'Ancien Testament et réalisée dans le Nouveau, ils arrivent à l'idée de Jésus-Christ nouvel Adam et de Marie nouvelle Eve, unis tous les deux dans la lutte contre l'antique serpent, unis aussi dans la victoire et par le fait même

____

(1) Mgr Malou, t. I, p. 245-46.

dans l'innocence et la sainteté parfaite ; doctrine qui, aux yeux du plus grand nombre, contient implicitement l'Immaculée Conception,

L'argument scripturaire n'est donc pas indépendant de la tradition active ou vivante ; il ne me semble même pas totalement indépendant de la tradition objective. La révélation de l'Immaculée Conception dans la sainte Écriture est tout au plus *implicite*. En va-t-il autrement de la tradition elle-même ? Souvent, on paraît supposer une révélation *explicite*, faite aux apôtres par Jésus-Christ ou l'Esprit Saint. Cette supposition n'est pas nécessaire pour la justification du dogme ; elle a même contre elle ce fait que dans les premiers siècles de l'Église aucun témoignage formel, je parle de témoignages authentiques, n'apparaît en faveur de l'Immaculée Conception, ni en Occident, ni en Orient. Aussi, depuis la définition comme avant, beaucoup de théologiens ne reconnaissent qu'une révélation *implicite* de ce mystère (1).

Qu'on examine la bulle *Ineffabilis Deus*, qu'on relise les pages où Pie IX développe le grand argument de la tradition ; où, dans un vivant tableau, il rappelle toutes les figures de l'ancien Testament, que les Pères ou les Liturgies ont appliquées à la Vierge, toutes les brillantes métaphores qui reviennent constamment, et toutes les épithètes ou appellations variées qui s'accumulent autour de la Vierge dans les mêmes documents. Que prétend-il trouver dans ces nombreux témoignages, et sous quel aspect nous les propose-t-il ? Lui-même nous le dit : « Les Pères et les écrivains ecclésias-

____

(1) Par exemple Mgr Malou, t. I, p. 28, 32 ; « Nous prouverons que le mystère de l'Immaculée Conception a été révélé d'une manière implicite d'abord, et ensuite attesté d'une manière explicite, lorsque l'intérêt de la vérité et la gloire de Marie l'exigèrent.., Nous prouverons, en parcourant les monuments de la tradition catholique, que la tradition explicite de la sainteté parfaite et indéfinie de la Mère de Dieu, a existé dans tous les temps, et elle renferme implicitement le privilège de l'Immaculée Conception. »

liques, instruits par les enseignements célestes, n'ont rien eu de plus à cœur dans les livres qu'ils ont composés pour expliquer les Écritures, pour venger les dogmes et pour instruire les fidèles, que de proclamer à l'envi et de prêcher de la manière la plus variée et la plus admirable la *souveraine sainteté* de la Vierge, sa *dignité*, son *entière exemption de toute souillure du péché* et sa *victoire éclatante* sur le détestable ennemi du genre humain. » Pie IX voit donc se dégager de tous ces témoignages une idée générale de la Vierge, où sa conception sans tache est contenue comme la partie dans le tout et le particulier dans l'universel ; ce qui suppose la révélation *implicite*.

Et telle est aussi la conclusion légitime de notre étude. Au début, en Orient comme en Occident, qu'avons-nous trouvé ? Deux doctrines communes qui, en réalité, se compénètrent ou même s'identifient ; celle de Marie *nouvelle Ève*, et à ce titre mère des vivants et ennemie victorieuse du serpent ; celle de Marie *Mère de Dieu, toute sainte, toute pure*. Saint Éphrem dit, en Orient : « En vous, Seigneur, il n'est aucune tache, et en votre mère il n'est point de souillure » ; saint Augustin dit, en Occident : « Quand on parle de péché, je n'admets point qu'il puisse être question de la Vierge Marie ». Cette doctrine de Marie toute sainte, toute pure, est, pour les Pères et pour l'Église, un principe général auquel se rattachent, comme cas particuliers ou comme applications, plusieurs vérités de détail, par exemple, l'immunité de tout péché actuel, soit mortel, soit véniel, la virginité parfaite et perpétuelle, l'exemption de toute concupiscence et de toute souillure dans l'enfantement. Vérités qui ne se trouvent pas exprimées dans la sainte Écriture et qui, pourtant, appartiennent à la croyance de l'Église. C'est donc que celle-ci tient comme faisant partie du dépôt sacré, reçu à l'origine, le principe général de la toute sainteté et de la toute pureté de la nouvelle Ève, Mère de Dieu.

Or, qu'est-ce que l'Immaculée Conception de Marie, sinon une application particulière du même principe ou de la même vérité générale ? C'est Marie sainte et pure quand son âme sort des mains du Créateur, comme à sa naissance, comme au jour de l'Annonciation, comme dans la bienheureuse nuit de l'enfantement divin, comme dans toutes les circonstances de sa vie unique. D'où cette excellente remarque de Scheeben au sujet de l'Immaculée Conception : « Pour bien apprécier la place de cette doctrine dans la tradition, il ne faut pas la considérer comme une vérité isolée, mais comme faisant partie de l'idée générale que l'Eglise a toujours eue de la sainteté de Marie et de son rôle dans l'économie de la rédemption (1). »

C'est cette manière de concevoir la Vierge qui met l'unité dans tous les dogmes qui la concernent ; c'est elle aussi qui explique cet instinct surnaturel, ce sens intime du peuple chrétien, qui s'est toujours refusé à ranger Marie au nombre des pécheurs et à l'assimiler sous ce rapport au reste des hommes. Et ce qui m'assure qu'en cela le sens catholique ne s'est pas trompé, c'est d'avoir constaté qu'il s'est produit, conservé et développé sous l'action, la surveillance et la protection du magistère légitime et infaillible. Il y a eu coopération des pasteurs immédiats et des églises particulières dans l'établissement et la propagation de la fête et du culte de la sainte Conception de Marie. Il y a eu, en son temps, coopération du magistère suprême ; en sorte que l'Eglise enseignante et l'Eglise enseignée se sont trouvées unies d'un consentement unanime dans la croyance au glorieux privilège de la Vierge. C'est la Tradition vivante sanctionnant la Tradition objective et la fixant irrévocablement.

(1) Art. sur l'Immaculée Conception au mot *Empfängniss*, dans le *Kirchenlexikon* de Wetzer et Welle, t. I, 2ᵉ édit., Fribourg en Brisgau, 1886.

TABLE DES MATIÈRES DE LA PREMIÈRE PARTIE

TABLE DES MATIÈRES DE LA SECONDE PARTIE

IMPRIMERIE BUSSIÈRE. — SAINT-AMAND (CHER).

ERRATA

—

Pages	lignes	Au lieu de	Lire
22	31	multis *Iovis* ce-lebratur ejus cestra	multis *locis* ce-lebratur ejus
40	13	*Péteau*	
42	8 de la note	*puti*	
57	8	*que* dans le